Viagem ao fabuloso mundo das
especiarias

Rosa Nepomuceno

Viagem ao fabuloso mundo das especiarias

Histórias e lendas, origens e caminhos, personagens, remédios, favores e sabores

6ª EDIÇÃO
REVISTA

JOSÉ OLYMPIO
EDITORA
Rio de Janeiro, 2014

© Rosa Nepomuceno, 2003

Reservam-se os direitos desta edição à
EDITORA JOSÉ OLYMPIO LTDA.

Rua Argentina, 171 – 3° andar – São Cristóvão
20921-380 – Rio de Janeiro, RJ – República Federativa do Brasil
Tel.: (21) 2585-2060
Printed in Brazil / Impresso no Brasil

Atendimento direto ao leitor:
mdireto@record.com.br
Tel.: (21) 2585-2002

ISBN 978-85-03-00786-3

Capa: HYBRIS DESIGN/ISABELLA PERROTA
Designers Assistentes: EDUARDO SIDNEY, ARION WU, VICTOR BITTENCOURT
Desenhos de Ervas: CECÍLIA TOMASI

Texto revisado segundo o novo Acordo Ortográfico da Língua Portuguesa.

CIP-BRASIL. CATALOGAÇÃO NA FONTE
SINDICATO NACIONAL DOS EDITORES DE LIVROS, RJ.

N362v   Nepomuceno, Rosa
       Viagem ao fabuloso mundo das especiarias / Rosa Nepomuceno; [ilus-
       trações de Cecília Tomasi]. – 6ª ed. – Rio de Janeiro: José Olympio, 2014
       il.;

       Inclui bibliografia
       ISBN 978-85-03-00786-3

       1. Condimentos. 2. Especiarias. 3. Plantas aromáticas.
      I. Título.

13-1555.   CDD 641.3383
                 CDU 641.885

À minha filha Maria,
a meus irmãos Margarida,
Francisco de Assis, Isabel
e, em memória, João.

Sumário

Agradecimentos 9

Apresentação 11

Prefácio 13

INTRODUÇÃO:

ESPECIARIAS: PRESENTES DE DEUSES E DE LOUCOS 18

PARTE 1

A VIAGEM 36

1. Tomilho, alecrim e alho, sabores e cheiros da Europa ensolarada 36

2. Cominhos, pimentas e dendê, os legados da mãe África 50

3. Açafrão, cebolas e rosas no portal do Oriente 62

4. Beleza, sangue e lágrimas no paraíso das especiarias 76

5. Temperos do Pacífico 104

6. Joias do Novo Mundo: pimentas, orquídeas, cipós e favas 122

7. A dança das especiarias: moscadeiras no Atlântico, baunilhas no Índico 142

8. Sabores do Brasil: pimentas dos índios e exuberâncias d'além mar 160

PARTE 2

APRENDENDO A TEMPERAR 176

As primeiras misturas 177

O reinado dos cravos 179

Acabou-se o que era doce 181

Novos ares, novos perfumes 183

Reinventando a mágica 186
Comer devagar, quem tem tempo? 188

PARTE 3
SABORES QUE CURAM 194
Jardins de favores 198
O caldeirão dos curandeiros 202
Nas trilhas do passado 204
As riquezas do Brasil 206

BIBLIOGRAFIA 213
ÍNDICE ONOMÁSTICO 219

Agradecimentos

Ao dr. Alex Botsaris, autor de obras importantes como *As fórmulas mágicas das plantas*, supervisor da parte medicinal, que trouxe informações e indicou fontes, como a obra do médico argentino Jorge R. Alonso; à jornalista Sandra Moreyra, íntima do mundo da gastronomia, consultora generosa de todas as horas, que me presenteou com *O jardim de Rosa* ao voltar de uma viagem pelos jardins da Toscana; a Ronald Cavaliere, pesquisador e consultor de gastronomia, a quem recorri inúmeras vezes; a Marcelo Scoffano, parceiro na curiosidade por temperos e ervas, que me trouxe mil novidades dos mercados de especiarias de Paris ou Milão; a Tonca Falsetti, mestre em História do Brasil pela PUC de São Paulo, meu cunhado, que sugeriu fontes e bibliografia e ajudou-me a puxar o emaranhado de fios históricos; a Maria Inês Gurjão, mestra em História Social da Cultura e professora de Comunicação pela PUC-Rio, revisora da parte histórica; ao biólogo Pedro Jorge Carauta, autor de obras como *Figueiras no Brasil*, paciente consultor de botânica e meu passe livre para falar com os especialistas; a Ignácio de Loyola Brandão, escritor de reconhecidos méritos e homem de gentilezas, pela apresentação carinhosa do livro; a Milton Ferreira Botelho, pesquisador da Biblioteca do Jardim Botânico, sempre *on-line*.

Aos botânicos Elsie Franklin Guimarães, Cláudio Nicoletti e Luciana Mautone; dr. Francisco de Aguiar Matos, dr. Paulo Canella, Michail Wagapoff, Andreas Valentim, Sigrid Biebow, Guilda Antão, Gilbert Joseph, Jurema Loureiro, Lelena César, Christophe Lidy, Ciça Cunha Grosso, Glória Arruda, Rogério Carneiro (pela foto), Rodrigo Decerega, Mestre Didi; Noemi Bittencourt, Regina Saldanha, Dirce Valponi, Maria del Pilar, prof. Mário Gusmão e o pessoal do tai-chi;

Cecília Beatriz da Veiga Soares e o *staff* da Sociedade de Amigos do Jardim Botânico; Wanda Nestlehner e equipe de *Claudia Cozinha*; aos participantes dos meus *workshops*; a Maria Amélia Mello, editora da José Olympio, pelo convite para fazer o livro e o zelo com que o tratou, e a sua assistente Soraya Araujo, pela infinita paciência comigo.

Agradecimentos e beijos a Margarida, a Maria e ao meu genro Thiago, a Tárik de Souza, Valéria Rocha, Isa Pessoa, Joselena Bezerra, Marcele Rocha, Adriana Fraga, Mônica Carvalho e David Pinheiro, amigos sempre presentes. E, finalmente, a Sofia, a linda So-So, a netinha que me levou a passear nas manhãs de sol pelo Jardim Botânico.

Apresentação

Quando se chega a Florença, a visão das colinas que circundam a cidade, cercadas por centenas de oliveiras e fileiras de ciprestes, como em toda a Toscana, é absolutamente arrebatadora. As oliveiras, com raízes e caules tortuosos, têm folhas que refletem em tons de prata os raios do sol.

Altos, como antenas apontadas para um céu azul claríssimo, os ciprestes são quase tão majestosos quanto as igrejas grandiosas ou obras dos mestres renascentistas que se veem pela cidade inteira.

Mas se a gente desvia um pouco o olhar, vai notar que nos jardins da Santa Croce o que cerca as estátuas são tufos perfumados de tomilho ou alecrim. Que o orégano e o manjericão descem em cachos das sacadas dos *pallazzi*. Nas *piazze*, ou em frente à *Accademia*, os cafés têm cercas vivas de louro, e no Jardim de Boboli, além das ervas, há laranjas, tangerinas e limões-sicilianos, de perfume doce e penetrante.

Quando cheguei a Florença entendi o verdadeiro significado da palavra inspiração. Como era inspirador encher o pulmão daquele ar tão aromático, tão cheio de pequenas descobertas para o olfato. Tudo cheira bem à nossa volta. Não consegui deixar de pensar que, com todos esses aromas, não foi à toa que tantos gênios criaram tanto numa mesma cidade. Claro, havia os Médici, com sua fortuna a patrocinar a arte e a cultura, mas ali a natureza certamente entrou com um ingrediente inspirador. A beleza estonteante de Florença deve um pouco a cada um desses perfumes.

Como a cidade da Toscana, Rosa Nepomuceno é uma colecionadora de aromas.

Em seu apartamento, no Jardim Botânico, ervas perfumadas florescem em pequenos vasos e as especiarias estão pela casa toda, inspirando seus textos e também os amigos que a cercam. Rosa gosta de se definir como uma caipira, pouco chegada às cidades grandes. Mas não se enganem com essa aparente simplicidade. O jardim de Rosa tem o tamanho do mundo inteiro, porque vem do coração e está guardado na alma.

O chefe catalão Santi Santamaría, um mestre da culinária, diz que a gente só conhece um país quando vai às feiras e mercados, quando, além dos restaurantes, consegue provar a comida popular e conversar com as pessoas que trabalham com aqueles alimentos.

Este livro foi ao mercado, foi à feira, conversou com a gente simples das ruas de muitos lugares. Por isso mesmo é um convite ao paladar e ao olfato.

Entrem agora no imenso jardim de aromas de Rosa Nepomuceno. E aproveitem.

Sandra Moreyra

Prefácio

Minha casa em Botucatu, interior de São Paulo, grande, antiga, pé-direito alto, tinha cozinha que acomodava, em torno da mesa, pai, mãe, tia, avô, cinco irmãos, primos e amigos, naquela balbúrdia às vezes afinada, noutras nem tanto. São Benedito, firme no alto da prateleira, não se descuidava de suas funções protetoras. Num canto, mamãe mantinha um quadrinho de são Jerônimo, com galhos de louro espetados na moldura para afastar o perigo de raios e tempestades. Pois nossa bela casa, cheia de sons e de cheiros, com terraço, jardins e quintal, espreguiçadeira, rede e muros que davam para as mangas maduras dos vizinhos, desmanchada pelos destinos traçados à nossa revelia, em novas épocas e outros modos de viver, nunca foi atingida por aqueles raios assustadores que triscavam o céu, indo estrondar lá pelos lados da serra.

Outras mágicas aconteciam, principalmente no quintal, dia e noite, inverno ou verão: a jabuticabeira plantada por meu pai ficava carregada de frutos todos os anos; os enxertos de limão com tangerina davam uma espécie de mexerica de gomos grandes e alaranjados, que chamávamos limão-rosa; os mamoeiros produziam frutos pesados e macios; o canavial, que chiava à noite aos ventos da serra, produzia as canas doces que meu pai moía na engenhoca para fazer garapa. As hortas estavam sempre verdes, sob a vigilância deste cearense criado na fazenda de seu pai, na verde serra de Ibiapaba, perto de Sobral. Papai foi o primeiro herbalista que conheci, íntimo dos tempos e das coisas da natureza. As ervas e árvores de fruta eram o seu reino; as flores, o de minha mãe.

As ervas eram os nossos temperos e remédios, e delas éramos tão íntimos que nem lhes dávamos quase atenção. Cresciam à vontade, nos canteiros, para atender às demandas cotidianas. Tia Nini usava folhas de alfavaca à testa, presas sob um lenço, quando estava com enxaqueca – pelo menos uma vez por semana. A erva-cidreira, em infusão, era o calmante das crianças agitadas. O boldo, a única coisa que dava jeito no mau humor de meu pai quando o fígado atacava. A salsa e a cebolinha, colhidas na hora, não faltavam aos omeletes e abobrinhas. Gripe e febre se tratavam com chá de hortelã e mel ou infusão de alhos. Volta e meia, para garantir saúde e calma às crianças, éramos levadas a uma benzedeira no Bairro Alto, que nos rezava brandindo galhinhos de alecrim e não me lembro mais do quê.

À mesa, ervas e azeite de oliva português. Que bela salada de alfaces, colhidas na horta, meu pai temperava com limão, orégano e azeite, enquanto o feijão, no fogo, lançava por toda a casa o perfume do cominho e do louro! No final do cozimento do arroz, punha-se na panela uma folha de alfavaca ou de manjerona, sempre fresca. Nas bananadas e doces de abóbora ou cidra, feitos por tia Nini, paus e folhas de canelas, cravos, essência de baunilha (da fava), cascas de limão raladas e noz-moscada raspada com a faca. Meu avô deixava suas leituras de santo Tomás de Aquino ou Jung e o infalível cigarro de palha para uma de suas grandes diversões, socar um virado de carne-seca com farinha de milho, cebola e muita salsa no pilão, que mandou buscar numa fazenda de Itu e que instalou no quintal, sob o caramanchão – desejos e heranças de seu pai tropeiro.

Antes da chuva, os canteiros expandiam um mundo de aromas. Naquela época, nem me dava conta de que o alecrim, por exemplo, nascido à beira do Mediterrâneo, plantado por algum deus grego, atravessara continentes e civilizações para brotar na horta de casa. Só comecei a me interessar pelas histórias e usos das ervas depois que ganhei mundo, aos vinte anos, no início dos anos 1970, primeiramente experimentando as moquecas cheias de coentro e pimenta, na rota afro-baiana traçada nos livros de Jorge Amado. No Rio de Janeiro, depois, cultivei plantas no meu sítio em Nova Friburgo e passei a assinar colunas especializadas na imprensa do Rio e de São Paulo.

Viagem ao fabuloso mundo das especiarias

Fui descobrindo, aos poucos, que tudo o que perfuma nossos alimentos e nos cura são seres muito antigos que acompanham nossa saga sobre a Terra.

Por alguns anos voltei-me para outras áreas do jornalismo, mas nunca me afastei da natureza e das plantas. Minha filha Maria, ainda pequena, mostrou que herdara o dedo verde do avô João, cultivando uma coleção de vasinhos plantados por ela e chegou a ensinar, na TV, como plantar begônias e mantê-las sempre floridas. Há seis anos, fiz um ajuste de rota e as plantas me indicaram o caminho. Conheci o tai-chi, a acupuntura, as culinárias naturais e reencontrei a fitoterapia, por intermédio do dr. Alex Botsaris, médico especializado em medicina chinesa, pesquisador da farmacopeia natural asiática e brasileira, um dos grandes nomes do Brasil na especialidade. Minha irmã Margarida, apaixonada pela boa mesa, inspirada inventora de receitas e molhos, incentivou-me a brincar mais com as ervas, a associar aromas, a criar temperos. As plantas aromáticas ganharam mais espaço nas jardineiras do apartamento, na cozinha, nas prateleiras de livros.

Nesses doze meses de trabalho nesta obra tive vários colaboradores, recebi toda sorte de gentilezas de amigos e conhecidos, revistas e livros, almanaques de medicina do tempo do onça, receitas, folhas de canela, mudas de alfavaca, maços de cidreiras e de alecrim-do-mato, pimentas-longas da Indonésia, *curries* africanos vermelhos e saborosos, *pimentóns* espanhóis cheirando a defumados, cardamomos, estranhos pêssegos-da-índia, *masalas* únicas inventadas por amantes da cozinha. Como nunca, minha casa recendeu a cheiros exóticos e, ao mesmo tempo, familiares, a flores e a terra, a sementes e a incensos, às hortas do meu pai.

Minha maior dificuldade foi identificar a origem das espécies, trabalho de louco, e tentei escapar de informações contraditórias optando por algumas fontes: o americano H. Liberty Bailey, autor da bíblia *The Standard Cyclopedia of Horticulture*, os brasileiros Pio Corrêa e Leonam de Azeredo Penna e o inglês Deni Bown, da The Royal Horticultural Society.

Entrevistei alguns especialistas, a botânica Elsie Franklin Guimarães, em piperáceas; Pedro Carauta, sobre plantas bíblicas; o farmacêutico cearense Francisco de Aguiar Matos, pesquisador de ervas medicinais brasileiras; Cláudio Nicoletti, estudioso de orquidáceas. Michail Wagapoff, importador e exportador de especiarias, situou-me nesse mercado que mobiliza bilhões de dólares anualmente.

O engenheiro carioca Roberto Simonsen (1889-1948), que construiu quartéis no governo Epitácio Pessoa, ao mesmo tempo que produziu obras de referência na historiografia brasileira, em *História econômica do Brasil* aprofundou-se nos aspectos relacionados à exploração e ao comércio das especiarias na colônia, trazendo dados que muito enriqueceram este trabalho. No mais, os livros de Rosy Bornhausen, de tanta delicadeza, de Fernanda de Camargo-Moro, tão ricos de informação, de Jean-François Revel, simples e sofisticado, e os de Câmara Cascudo, mestre em brasilidades, inspiraram-me nesta viagem que começa no quintal da casa de minha infância, de onde trouxe comigo todos os cheiros e sabores.

Rosa Nepomuceno
Rio de Janeiro, 2003

Introdução

Especiarias:

Testemunhas da vida no planeta, há milênios brotaram espontaneamente à beira do mar, nas rochas e pedras, montanhas e solos áridos, nos bosques gelados e florestas tropicais, no fundo da terra, nas árvores. Favas e flores pendendo de galhos, sementes despontando nos tapetes de húmus e areia, bulbos e raízes crescendo em segredo sob a terra, hastes verdes balançando-se ao vento, touceiras invadindo regiões, cascas e resinas de árvores, ervas, lianas, frutos, bagas, grãos, criaturas surgidas ao deus-dará, especialmente para perfumar o mundo. As especiarias que dão sabor à comida, tratam doenças e nos confortam as dores da alma são preciosidades das quais lançamos mão desde o início de nossa misteriosa sina de povoar mundos, levar de lá para cá coisas do nosso hábitat, nosso modo de pensar e agir, de comer e lutar, aprender e semear. Estavam aqui antes de nós, provavelmente no tempo em que deuses e demônios procuravam o néctar da imortalidade – e o encontraram nas plantas aromáticas. Todas têm significados mágicos, todas serviram aos seres divinos, aos animais, e se tornaram essenciais aos homens.

A história dos condimentos naturais está atrelada à da própria humanidade, à sua necessidade de sobreviver, de reinventar os alimentos, recuperar a saúde, prolongar a juventude, driblar a morte, reverenciar o incompreensível por meio dos rituais mágicos, conquistar terras e amores, dominar povos, registrar seus feitos. As especiarias transformaram o alimento em refeição, em banquete, festa, prazer, luxo, oferenda, sacrifício, remédio, revolu-

presentes de deuses e de loucos

cionaram costumes, impulsionaram o longo e obsessivo processo de amalgamento das culturas e traduziram, no final das contas, a eterna busca do homem pela felicidade, para experimentá-la ao menos fugazmente, lamber-lhe as bordas, morder-lhe um pedacinho, sentir-lhe o gostinho, nem que isto tenha significado simplesmente mastigar um pedaço de carne com alguns grãos de pimenta.

Os antigos latinos chamavam-nas *species*, plantas especiais, pelo poder aromático e curativo. Por especiarias os franceses passaram a identificar, no início do século XVII, os condimentos exóticos do Oriente, mas o termo se aplica a "qualquer droga aromática usada para perfumar iguarias", como reza Aurélio Buarque de Holanda em seu dicionário. A gastronomia, aos poucos, cristalizou o uso da expressão ervas para todas as folhas, inclusive de árvores, como o louro, e especiarias para grãos, cascas, raízes etc. A tendência parece ser a de simplificar e chamar de ervas qualquer condimento natural. Num restaurante, consultado sobre as ervas que entram nesse ou naquele prato, o *chef* poderá resumir, por exemplo: noz-moscada, funcho e cebolinha.

Cada região, cada canto do planeta produziu espécies aromáticas que, em tempos remotíssimos, foram mudando de lugar, aclimatando-se fora de casa, espalhando-se sutilmente por terras estrangeiras, através de trilhas muitas vezes apagadas pelo pó do tempo, não raro confundindo botânicos e historiadores. Os cominhos brotaram primeiro na África e espicharam os ramos pelo Oriente? Ou teria sido o contrário? Manjeronas e segurelhas alastraram-se de um lado e de outro do Mediterrâneo – quem sabe ao certo a partir de qual ponto? A erva-doce é grega e egípcia de nascimento ou a sementinha voou da Grécia para o Egito? Algumas espécies de menta, apontadas por botânicos como nativas da América do Norte, não teriam sido levadas ao Novo Mundo pelos colonos ingleses? Plantas atrevidas, como o capim-limão, invadiram sem timidez campos e canteiros, alastrando seu perfume e suas incontáveis benesses pelos continentes. Oliveiras vicejaram por várias regiões temperadas, pimenteiras da América tropical frutificaram nos mares orientais, cúrcumas indianas e o estragão da Sibéria se aclimataram no Brasil, a sálvia europeia se estabeleceu na China, cravos e canelas do Índico se firmaram no Atlântico, o zimbro, do sopé do Himalaia, deu seus frutinhos negros no Oriente Médio e sua árvore forneceu sombra fresca para as meditações do profeta Elias. Os manjericões da África e do Pacífico verdejaram nos canteiros da Itália e foram aromatizar seus suculentos molhos de tomate. Desde que o mundo é mundo, espécies de um canto foram parar em outro.

Pássaros e insetos carregaram sementes, correntezas arrastaram mudas? Ventos, como o poderoso mistral que nasce na Sibéria e varre a Europa, cortando o sudeste da França em direção ao mar, sopraram milhões de minúsculas sementes para outros continentes? São hipóteses razoáveis. De muitas formas elas se multiplicaram fora de seu hábitat, no rastro dos aventureiros, conquistadores, loucos, foragidos, imigrantes, desterrados, mercadores, sábios, santos, profetas e fanáticos religiosos a descortinar impérios, expandir aromas e sabores, crenças, hábitos, formas de viver. Não nos esqueçamos dos deuses de mil nomes e etnias que se apropriaram de espécies e ensinaram os homens a usá-la: a sálvia, por exemplo, de folhas aveludadas, sabor um tanto amargo e tantas propriedades medicinais, foi apresentada aos mediterrâneos por um deles, Cadmo. Como duvidar de lendas tão antigas?

Viagem ao fabuloso mundo das especiarias

A manjerona era a erva preferida de Afrodite, a bela do Olimpo. Por onde andou a deusa da vida e do amor, pelo vasto mundo helênico, carregou-a. Muito antes de os homens aprenderem o valor das plantas, havia Quíron, o centauro médico, que curava com óleos, ervas e misturas aromáticas.

É preciso considerar que, naqueles tempos, quando o mundo estava se formando, os deuses se misturavam frequentemente aos homens – ao contrário do que acontece hoje, quando parecem se esconder de nós, tão desgostosos estão com nossos desatinos. E no leva e traz de espécies participavam, ainda, os duendes, desenterrando raízes de um lugar e fincando-as em outros, feiticeiros andarilhos, magos que voavam, sacerdotes conhecedores dos segredos da natureza, orixás disfarçados de bichos ou plantas circulando pelo misterioso mundo africano, regido pelo Senhor das ervas, Ossain. *Kosi ewe kosi Oriṣa* é um ditado iorubá que significa: "Não existindo folhas, não existe orixá."[1] Sem nos esquecermos dos sátiros, aqueles seres metade gente, metade bode, com pequenos chifres e ar debochado, donos dos bosques de segurelha, arbusto cheiroso, tempero magnífico com reputação de poderoso afrodisíaco. Pois aquelas figurinhas viviam ao redor do Mediterrâneo, saltando do sul da Europa ao norte da África e ao Oriente Médio, brandindo suas segurelhas, atiçando paixões, incendiando donzelas – as plantas chegaram a ser banidas dos pratos das famílias europeias da Idade Média, temerosas de que as meninas saíssem porta afora atrás do primeiro marmanjo que lhes acenasse os bigodes. Quem poderia reconstituir exatamente sua rota?

Deuses de todas as grandezas e seres mágicos do mundo antigo bebiam vinho perfumado com especiarias. Os babilônicos, com gergelim. Os gregos, com alecrim; os egípcios, com erva-doce. As ervas conservavam a bebida, melhoravam-lhe o sabor e a tornavam afrodisíaca. Para o povo persa, eram presentes maravilhosos de Ormuz, o deus da natureza – que virou nome de porto importante no golfo Pérsico. Conta a tradição indiana que um sábio,

ALECRIM

Rosmarinus officinalis (Labiada)
Rosemary (ing.) · *romarin* (fr.) · *romero* (esp.)
EUROPA MEDITERRÂNEA

Arbusto de pequeno porte, folhinhas duras e espetadinhas, verde-prateadas.

NATUREZA
Morna e seca; muito aromático, sabor levemente picante e amargo.

Bhardwaja, recebeu instruções divinas sobre como usar as ervas para ajudar os homens a viver mais tempo e mais felizes, e assim nasceu a medicina ayurvédica. A oliveira, mãe do óleo mais apreciado de todas as cozinhas, usado nos ritos de passagem e rituais religiosos, é presente de uma deusa. Para ser cultuada nas aldeias do sul da Grécia, a bela guerreira Atena, filha de Zeus – Minerva dos romanos –, disputou a honraria com Poseidon (Netuno). O rei dos mares deu aos homens o cavalo, mas Atena ganhou a disputa: atirou sua lança ao solo e fez surgir a árvore de tronco retorcido, galhos nodosos, folhas viçosas, quase prateadas, carregada de frutinhas brilhantes. O óleo das azeitonas, desde então, encheu os potes de argila do povo grego e de tantos outros à margem do Mediterrâneo, nas regiões quentes e áridas por onde os olivais se estenderam, dando um sabor especial ao mais simples alimento, tornando nobre a mais modesta refeição. Em retribuição, a deusa ganhou dos homens uma cidade, Atenas, para sempre ser lembrada desse feito.

Estudiosos sugerem que as oliveiras surgiram nas terras do antigo Império Hitita, onde está a Turquia, e daí se espalharam pelas ilhas gregas, todo o Oriente Médio e África mediterrânea, levadas

Viagem ao fabuloso mundo das especiarias

pelos fenícios, talvez os maiores embaixadores de aromas e sabores de toda a história das civilizações, implantadores do mercantilismo internacional. Entretanto, meus amigos, a mitologia não considera o parecer dos humanos, pobres mortais a achar isso ou aquilo, e sim as sagas divinas.

Os gregos garantem que a erva-cidreira, *melissa* em seu nome latino, com a qual seus antepassados tonificavam o coração, o cérebro e acalmavam a alma, foi introduzida no sul da Europa pela deusa Mellona, protetora das abelhas, para estimulá-las a produzir um mel mais doce. Os termos *melissa* e *mel* a homenageiam, portanto. O loureiro, de folhas tão queridas nas culinárias de todos os continentes, nasceu de um amor impossível entre Apolo, o deus Sol, e Daphne, uma ninfa virgem. Para ajudá-la a escapar do assédio do apaixonado, Geia, a deusa da terra, transformou-a na viçosa árvore mediterrânea, cujas folhas Apolo colheu e com as quais fez a coroa que passou a usar, desde então, e que virou símbolo de honraria concedida a poetas, músicos, nobres, guerreiros e atletas.

Foi o próprio deus dos hebreus, Jeová, há cerca de três mil anos, quem entregou a Moisés, no alto do monte Sinai, a Torá – os códigos de conduta de seu

ALECRIM

"O alecrim não admite melancolias, tristezas, tremores, nem desmaios de coração; conforta e recreia todas as partes e membros interiores e exteriores do corpo; alegra e fortifica os sentidos."*
Num novo dilúvio, teria que ser salvo, tem qualidades valiosas. Na Grécia antiga, estimulava a memória dos vivos; nos mortos, um galhinho entre os dedos era o passe para a imortalidade.
Prolonga a juventude, melhora o humor e é erva protetora. Às mulheres dá fecundidade.

COZINHA
Resistente a cozimentos longos.
Fresco ou seco, tempero magnífico de peixes e frangos, assados ou cozidos, vitela e porco, sopas e legumes; nos pães de ervas, nos buquês franceses, azeites balsâmicos, para levantar o astral. O mel de alecrim é especial.

USOS
Espetos de alecrim:
Os galhinhos frescos – cortados de forma perpendicular e colocados num vaso, à mesa da refeição ou bufê – funcionam como "pauzinhos" para espetar e ao mesmo tempo perfumar os *capeletti* e passá-los nos molhos.

Bouquet garni:
O clássico é composto por alecrim, tomilho, manjerona e louro. Usado fresco e inteiro ou seco e moído, acondicionado em trouxinhas de pano.

SAÚDE
Poderosa atividade antioxidante, é a "erva da juventude", protetora, inclusive, do fígado; anti-inflamatória, antisséptica, digestiva, diurética, ajuda a eliminar ácido úrico, o que explica seu longo uso contra gota e reumatismo, entrando na "Água da Rainha de Hungria", para massagear as juntas. Tônico do sistema nervoso e cardíaco, indicado para estresse e cansaço físico; para diabéticos.
Na tradição popular, afrodisíaco.

* Almanaque do século XVI.

povo – que daria origem à Cabala,[2] tratado filosófico, religioso e mágico. *Baruch A-do-nai, Elohêinu Mélech haolam, boré mine vessamin* é a bênção judaica para as especiarias: "Bendito és Tu, Eterno, nosso Deus, Rei do universo, que cria diversos tipos de especiarias aromáticas."

Erva-doce como ouro, canela como rubi

Depois dos tempos em que os deuses tinham estreito contato com os homens, estes, com fome de comida, saber e poder, saíram por aí, na aurora das civilizações, carregando suas esperanças, dores, ambições e plantas essenciais à sua sobrevivência. Perambularam por mares e desertos, traçando rotas inacreditáveis, transpondo adversidades com seus pequenos barcos ou em caravanas que serpentearam por terras estranhas, por anos a fio, orientadas pelos astros. Por onde passaram, coletaram especiarias, riquezas inestimáveis aos poucos agregadas ao acervo de diferentes povos, cuidadosamente experimentadas e estudadas por curandeiros e bruxos. Estes associaram sabores e aromas aos poderes de proteção, encantamento e cura. Provavelmente, foram os inventores da mitologia, criadores dessas fábulas que, para o escritor português Manuel Rodrigues, em *Deuses da mitologia*, na sua maior parte "são engenhosas alegorias com que os homens mais esclarecidos doutras eras pretendiam ocultar dos ignorantes os segredos da natureza e do poder de Deus".

Que assim seja: ao homem simples, de fé, coube aceitar os mitos e ao sábio, cuidar para que o legado da natureza fosse compreendido, preservado e aplicado ao bem-estar de todos. Suas experiências com as espécies foram registradas após as terem cheirado, mordido, comido, esfregado na pele, extraído seus óleos, secado, picado e transformado em pó suas folhas, frutos, sementes e raízes. Com elas perfumaram e conservaram os alimentos, afastaram maus espíritos, trataram feridas, levantaram semimortos, protegeram guerreiros nas batalhas, destruíram os inimigos, homenagearam reis e acalmaram deuses.

O modesto alecrim, que perfuma nossos legumes e peixes, este a que chamamos alecrim português em homenagem aos que o trouxeram para o Brasil, de folhinhas verde-prateadas coladas em ramos magricelas, o *rosmarinus* dos latinos, estimadíssimo dos povos mediterrâneos, em cuja orla se esparramava em estado selvagem, é um exemplo do surpreendente caminho percorrido por uma erva até nossos pratos: incensou deuses egípcios, embalsamou faraós, perfumou vinhos na Grécia, foi usado atrás da orelha pelos estudantes gregos para ativar-lhes a memória, afastou maus espíritos, despertou a Bela Adormecida, escondeu, em sua touceira, Nossa Senhora e o Menino Jesus na fuga para o Egito, queimou nas ruas da Idade Média para limpar o ar putrefato da peste, foi pesquisado por médicos da Antiguidade e por naturalistas importantes, como o romano Plínio, no século I, ou o inglês John Gerard, no século XVI. É hoje considerado, pela moderna fitoterapia, um poderoso antioxidante, a erva da juventude – como atesta o médico e fitoterapeuta argentino Jorge Alonso, um dos mais importantes especialistas da atualidade.

As mulheres árabes faziam unguentos perfumados com jasmim, sândalo e aloé.[3] Rainhas e princesas egípcias perfumavam suas roupas e os panos de seus leitos com canela e mirra,[4] entre várias outras espécies aromáticas; usavam óleos extraídos de plantas para se protegerem do sol causticante, leite cozido com sementes de feno-grego para amaciar e refrescar a pele, cravos e erva-doce para mordiscar e perfumar o hálito. As especiarias estavam nos filtros do amor, de todas as culturas. Alho e cebola, ingredientes essenciais na dieta de escravos e operários para que não adoecessem, não faltaram, por exemplo, na dos construtores das pirâmides. Os corpos dos faraós, que iam para aqueles mausoléus impressionantes, eram embalsamados com um arsenal de óleos aromáticos, após a lavagem de suas vísceras com um vinho feito da palmeira

AÇAFRÃO

(açafrão verdadeiro, açaflor)
Crocus sativus (Iridácea)
Saffron (ing.) · *safran* (fr.) · *azafrán* (esp.)
ÁSIA MENOR

Bulbo cujas folhinhas parecem capim, flores de várias cores e pistilos alaranjados, levíssimos.

NATUREZA
Neutra; pistilo de aroma suave, floral, sabor delicado, agridoce, ligeiramente amargo.

do dendê – ela mesma, a bela, que muito depois se ambientaria fagueira pelo litoral da Bahia. Vasilhas com sementes de funcho, cominho e erva-doce eram oferendas obrigatórias para que os mortos chegassem, finalmente, ao reino eterno prometido, cá na Terra, por seus deuses.

A vida sem especiarias era inviável, e para tê-las era preciso pagar altos preços aos comerciantes que as buscavam onde estivessem, gente irreal, louca, que se lançava em rotas remotíssimas e secretas, a enfrentar toda sorte de adversidades para chegar aos potes de pimenta-do-reino, de gengibre, cardamomo, cravo, canela e moscada, mirra, sândalo e açúcar – as mais valiosas. No dia a dia daqueles povos, não apenas os condimentos eram usados de forma exagerada, também os perfumes[5] obtidos das espécies aromáticas, com os quais as pessoas se encharcavam para disfarçar maus cheiros e afastar doenças. Tinha lógica: a maior parte dessas plantas é antisséptica e destrói bactérias, e os aromas funcionavam, portanto, como protetores naturais, naquele mundo precário em matéria de higiene, assolado por doenças. Assim é que, por exemplo, à época da peste negra, que matou um terço da população europeia em 1347, o consumo dessas espécies aumentou brutalmente: eram queimadas nas ruas, especialmente o alecrim, a sálvia e as sementes de zimbro, pois se pensava que a doença se alastrava pelo ar. O filme *Morte em Veneza*, de Luchino Visconti, foi inspirado no relato do escritor Thomas Mann, testemunha desses episódios.

Essas milagrosas plantas, que curavam, perfumavam bebidas e alimentos, embelezavam o corpo, elevavam o espírito, conferiam forças para lutar e alcançar a vida eterna, valeram o mesmo que sedas, ouro e pedras preciosas, desde tempos imemoriais. O Gênesis[6] traz a história de José, filho de Jacó, vendido por seus irmãos aos comerciantes de aromas que vinham da Arábia para o Egito, em 1729 a.C. A vida de Cristo foi permeada pelas espécies aromáticas. Recém-nascido, em Belém, visitado no humílimo berço de palha por três reis magos, foi por eles presenteado com ouro do Oriente, incenso da Arábia e mirra da África. Esta última, resina de uma árvore que dá no atual Iêmen (entre a Arábia e a Somália), de aroma agradável e sabor um tanto amargo, foi condimento comum até a Idade Média, e ainda hoje perfuma algumas bebidas e saladas. Muitas plantas eram usadas como incenso, mas o

AÇAFRÃO

A mais cara das especiarias: milhares de florezinhas são necessárias para se obter alguns gramas dos estames que tingem a comida de vermelho-alaranjado. Foi a preferida dos fenícios, que a levaram para todo canto e, provavelmente, para a Espanha. Temperou os vinhos afrodisíacos de gregos e romanos. Egípcios e povos do Oriente Médio a usaram em sua farmácia. A herança mágica é forte: ungido com seu óleo, desenvolve-se a clarividência.

COZINHA
É a mais falsificada das especiarias, por isso prefira os estames ao pó. Alguns poucos perfumam o arroz, os risotos, carnes, frangos, legumes e peixes. Seu uso mais famoso é na *paella* – a caldeirada espanhola de frutos do mar, carnes de frango e porco, legumes, cebola, alho e pimentão. Também na *zarzuela*, ensopado com frutos do mar; nos molhos de tomates; nos bolos, para colorir.

USOS
Ao comprá-lo, mantenha-o bem fechado e use-o logo, pois perde rapidamente aroma e sabor; para intensificá-los, amasse os filamentos numa vasilha de louça e não desperdice nenhuma poeirinha, "limpando-a" com um tico de água, que aproveitará na receita. Adicione-o à comida sempre no final do cozimento.

SAÚDE
Desde a Antiguidade, usado para doenças do coração, o que as pesquisas confirmam: baixa o colesterol, é antioxidante, analgésico, relaxa as artérias coronárias. Rico em carotenoides, análogos da vitamina A, com efeito preventivo de vários tipos de câncer, melhora as funções da retina.
Deve ser usado sempre em pequenas porções, por ser tóxico (Alonso).
Na medicina ayurvédica, em infusão para resfriados resistentes: meia colher de chá de pó para uma xícara de água fervente, mel e gengibre.
Afrodisíaco, pois sim!

"incenso"[7] ao qual se refere o texto sagrado é uma resina de outra árvore, essencialmente aromática, não comestível.

Em suas peregrinações pela Judeia, Samaria e Galileia, hoje Israel e Palestina, Jesus, tentando ensinar os homens a ser bons e justos, sugeriu-lhes que pagassem suas dívidas (e dízimos) com sementes de menta, endro e cominho, mas que, por outro lado, não desprezassem preceitos importantes como a justiça e a misericórdia.[8] Um de seus tantos milagres foi multiplicar pão e vinho num banquete de casamento – bebida desde sempre usada como condimento. Quando fraquejou ante a visão dos suplícios que lhe estavam prometidos, abrigou-se sob as oliveiras para pedir ao Pai que o livrasse daquele cálice de horrores. Finalmente, na cruz, ao murmurar "Tenho sede", um soldado teria lhe molhado os lábios com uma esponja embebida em vinho e mirra, presa a um galho de hissopo.[9] Segundo o biólogo carioca Pedro Jorge Pereira Carauta, era costume, naquela região, dar ao condenado à morte uma bebida entorpecente. Mateus,[10] entretanto, escreve que a mistura oferecida a Jesus foi de vinho e fel, tal como aprendemos nos catecismos.

Nos textos sagrados são citadas outras espécies importantes no cotidiano dos povos assentados entre o Mediterrâneo e a Pérsia: sementes de mostarda e de coentro, nardo,[11] funcho, canela vinda de longe, louro e açafrão. Os escritos documentaram o valor econômico de algumas delas, sinalizando para o extraordinário fenômeno comercial e cultural que aconteceria especialmente em torno das nativas do Oriente, pelas quais os europeus já eram obcecados muito antes de se lançarem nas aventuras do século XV para tomar posse dos seus celeiros.

Viagem ao fabuloso mundo das especiarias

EMBAIXADORES DE AROMAS

Se somente nessa época os portugueses iniciaram sua saga pelos mares, a dobrar cabos mal-assombrados da África para desembarcar na Índia, China e ilhas do Pacífico, outros, muito, mas muito antes, foram incrivelmente audaciosos ao se aventurarem pelos reinos das especiarias. Vivendo às margens orientais do Mediterrâneo, ocupando terras onde hoje está o Líbano, os fenícios, povo de origem semítica, foram navegadores e comerciantes geniais, circulando pelos mares séculos antes da era cristã. Mais tarde, os árabes fizeram fama de grandes mercadores perambulando por terras e águas a trocar alhos por bugalhos – canela por ouro, seda por linho, coentros por gengibre –, antes de se lançarem nas guerras em nome de Alá, a partir do século VII. Conta-se que o próprio Maomé participou de caravanas e até gerenciou o negócio de sua primeira mulher, Kadidja, que comerciava incenso e mirra. O rei macedônico Alexandre, o Grande,[12] no século IV a.C., arrastou suas fileiras à Mesopotâmia,[13] conquistou a Pérsia e chegou às margens do rio Indo, na divisa com a Índia, levando costumes ocidentais e introduzindo, na Macedônia, hábitos de outros povos. Sua façanha é considerada uma das mais fabulosas da história da humanidade, marco da aproximação dessas culturas.

Do ponto de vista gastronômico, é certo que trouxe consequências importantes: para começar, Alexandre se fazia acompanhar, em suas campanhas, por nada menos de trezentos cozinheiros! A curiosidade dessa gente com relação aos temperos asiáticos era imensa: gengibres, cravos e canelas foram agregados às comidas e aos remédios dos soldados, e conheceram-se novas formas de preparo de alimentos.

Na era cristã, um dos episódios mais importantes na aproximação dos ocidentais com o mundo oriental foi a campanha árabe iniciada no século VII, após a morte de seu profeta

ALHO

Allium sativum (Liliácea)
Garlic (ing.) · ail (fr.) · ajo (esp.)
EUROPA MEDITERRÂNEA

Bulbos brancos ou roxos.

NATUREZA
Morna; sabor forte, acre, picante e aroma fortíssimo.

Pode irritar olfatos delicados e estar longe de ser o mais
romântico dos temperos, mas carrega a reputação de
levantar as forças, inclusive para o amor. Limpa o corpo
e o ambiente, as mágoas e os maus-olhados, afasta os
vampiros dos medos e das doenças; um dente na bolsa,
as cobras; cascas queimadas, as põem para correr;
usado por bruxas, na Idade Média, nos preparados
protetores: elas foram queimadas, mas os poderes do
alho, preservados. Na tradição muçulmana, nasceu do
pé esquerdo de Satã, quando ele foi expulso do
Paraíso.

COZINHA
Os grandes comedores de alho são os árabes,
portugueses, espanhóis e provençais.
Amasse, pique e frija-o no azeite, fazendo toda a casa
recender ao seu cheiro – o mais típico das cozinhas
luso-brasileiras. Tempera tudo, de peixes a carnes,
refoga feijões, legumes e folhas, dá alma às chicórias
e couves, berinjelas e chuchus, massas e molhos, aos
pratos nobres ou triviais de todos os santos dias.

USOS
Conserva de alho: esterilize um vidro e calcule a
quantidade de dentes de alho para enchê-lo. Sem
despelá-los, regue-os com azeite de oliva e os envolva
em papel laminado, levando ao forno médio por cerca
de vinte segundos. Espere esfriar e os coloque no
vidro, completando com azeite e adicionando uma
folha de louro. Manter bem fechado num armário,
por três ou quatro semanas.

Maomé. Pelo norte da África, os muçulmanos
chegaram à península Ibérica, quando passaram a
controlar o Mediterrâneo. Fundaram o Cairo, no
Egito, em 969. Nessa época, sua expansão foi prodi-
giosa: chegaram à Índia, China e ao Japão. Nos sete
séculos seguintes, sob seu domínio, acelerou-se a
difusão extraordinária das especiarias que os
próprios árabes consumiam bastante, tanto na
comida quanto na medicina. As marcas de sua cultura estão fortemente gravadas na dos povos com os
quais conviveram por tantos séculos: marroquinos,
tunisianos e argelinos, portugueses e espanhóis,
indianos e povos dos Mares do Sul.

Outro capítulo fundamental na mistura e expansão
de costumes alimentares desenrolou-se entre 1025 e
1270, quando os cruzados europeus se lançaram na
busca de entradas para reconquistar a Terra Santa,
subjugar o islamismo e chegar às riquezas do
Oriente. Com a melhora da qualidade de vida na
Europa, o consumo dos produtos orientais aumen-
tara, tornando-se uma das causas do interesse da
nobreza nessa empreitada. Cristianizar os infiéis foi
o álibi para disfarçar uma imensa cobiça. Depois de
oito tentativas e muita pilhagem, os cruzados dos
reinos de França, Inglaterra e Sacro Império

Romano-germânico foram definitivamente escorraçados de Constantinopla pelo sultão Saladino, mas voltaram para casa reforçando, na Europa, o fascínio pelo mundo asiático, do qual haviam vislumbrado o brilho de ouro, rubis, sedas e a fartura de especiarias.

No século XIII, um jovem veneziano, seu pai e um tio, comerciantes, atiçaram ainda mais a curiosidade por tudo aquilo. A aventura de Marco Polo pela Pérsia, Mongólia, China e Japão mais parece ficção. Por duas vezes andou por aqueles lados e, na segunda viagem, em 1271, viveu dezessete anos na corte de Kublai Khan, neto de Gengis Khan – o temido criador do grande império mongol que englobou toda a Ásia Central e o norte da China. Seus relatos de viagem, com informações detalhadas também sobre a Índia e o Japão, fizeram de *O livro de Marco Polo* ou *Il Milione*[14] a bíblia dos navegantes dos séculos XV e XVI, época em que Veneza, que enriquecera com o patrimônio amealhado pelos cruzados, dominava o comércio mediterrâneo.

Na disputa pelo domínio do comércio de especiarias, Lisboa sucederia Veneza, no final do século XV, investindo mundos e fundos no controle dos

ALHO

Saúde

A mais investigada das especiarias: anti-hipertensivo, redutor do colesterol, protege contra a aterosclerose; antisséptico, vermífugo. Na medicina popular, antidiarreico, para gripes, febres, reumatismo e micoses; uso local em ferimentos com prego ou espinho. Na obra de Homero, citado como recurso para curar feridas de guerra. Não convém às mulheres que amamentam – o sabor passa para o leite. Na Índia, colares de alho são usados por crianças com coqueluche. Afrodisíaco.

centros produtores da Índia, do Ceilão (atual Sri Lanka), da Malásia e das ilhas Molucas, pátrias das ambicionadas canelas, cravos, pimentas-do-reino e moscadas. No início do século seguinte, Portugal se tornaria o grande senhor dos mares e das riquezas do mundo. Nessa aventura, perderia milhares de filhos, mas descortinaria um continente e nele cultivaria um fantástico jardim de especiarias nas férteis terras que, à primeira vista, pareciam abrigar apenas paus-de-tinta ou paus-brasil inferiores, na tinta que produziam, aos da Sumatra, que conheciam e compravam dos árabes.

Notas

1. Ditado iorubá usado por Mestre Didi, *Alapini Ipekun Oy* (sumo sacerdote do culto de adoração aos ancestrais – Egun), um dos grandes nomes do candomblé nagô da Bahia, filho de Mãe Senhora. Nasceu em 1917, viveu vários anos na África, escreveu livros sobre a tradição nagô e é escultor consagrado.

2. A origem da palavra cabala vem do hebraico *kabbã-lecabel*, que significa receber e aquilo que é recebido. Na definição de seus praticantes, Cabala "é o entendimento do que acontece além da percepção dos sentidos", e envolve práticas ditas esotéricas.

3. *Aloe humilis*, da família das liliáceas, com várias espécies nativas de regiões quentes; no Brasil é chamada babosa (*Aloe vulgaris, A. barbadensis*).

4. *Commiphora myrra* ou *C. kataf,* da família das burseráceas, da costa do mar Vermelho.

5. Perfume, *per fumum* ou *pro fumum*, do latim, através da fumaça: os primeiros perfumes surgiram na forma de incensos.

6. O "Livro das origens", o primeiro da Bíblia; capítulo 37, versículo 25.

7. *Boswellia carterii, B. papyrifera* ou *B. thurifera;* resina da casca da árvore que dá principalmente no sul da península da Arábia e no norte da Somália. Era sagrada e uma lenda conta que bandos de serpentes aladas guardavam a árvore e só se afastavam dela com a fumaça da queima da resina.

8. Mateus, capítulo 23, versículo 23: "Ai de vós, escribas e fariseus hipócritas! Pagais o dízimo da hortelã, do endro e do cominho e desprezais os preceitos importantes da lei: a justiça, a misericórdia, a fidelidade. Eis o que era preciso praticar em primeiro lugar, sem contudo deixar o restante."

9. Marcos,15:23. *Hyssopus officinalis*, de perfume adocicado, com folhas e flores de sabor levemente amargo, usadas na Antiguidade como condimento e remédio; aromatiza licores, como o Chartreuse; é o *Origanum maru*, comum em Israel.

10. Mateus, 27:34.

11. *Nardostachys jatamansi*, valerianácea.

12. Alexandre Magno (356-323 a.C.), filho do rei Felipe da Macedônia, foi educado por Aristóteles. Fez a fusão da cultura grega com a oriental, inaugurando o período conhecido como helenismo.

Viagem ao fabuloso mundo das especiarias

13. Região em meia-lua entre os rios Tigre e Eufrates, abrangendo a Síria e o atual Iraque.
14. Marco Polo (1254-1324), Veneza. Viajou pela Ásia entre 1271-1295. Seu livro, ditado a um companheiro de prisão, o romancista Rustichello de Pisa, quando prisioneiro em Gênova durante a guerra contra essa república, foi publicado ainda no século XIII e reeditado com diferentes títulos.

Parte 1

A viagem

A "lagoa do Mediterrâneo", como era chamado esse mar com uma única saída para o oceano, o estreito de Gibraltar, foi uma espécie de grande praça de comércio a céu aberto, a maior e mais importante do mundo ocidental. Às suas margens se desenvolveram culturas antiquíssimas e sofisticadas, com suas artes, ciências e táticas de guerra, arquitetura, comércio, navegação, perfumaria e gastronomia: egípcios, fenícios, cretenses, gregos, persas, cartagineses, romanos e árabes, povos que conheciam muitas espécies aromáticas e que se sucederam no domínio do Mediterrâneo oriental e ocidental.

1. Tomilho, alecrim e alho, sabores

Creditando ao trânsito de aventureiros e a misteriosos processos a existência, na Grécia antiga, de condimentos asiáticos, como o cardamomo e o gengibre, a cebola, a echalota e a pimenta-do-reino, a Europa mediterrânea era, por sua vez, o grande celeiro de ervas. Nasceram ali, espontaneamente, além das touceiras de alecrim que se espalhavam à beira-mar, a salsa e o cerefólio, a sálvia e a erva-cidreira, a hortelã de tantas variedades, os aipos e seu primo, o funcho, a mostarda de sementes douradas, o borago de florzinhas azuis, a prestigiadíssima erva-doce (anis) e o delicado aneto. Especialmente no sul da Itália, tomilhos e oréganos, segurelhas e manjeronas, ervas irmãs a recobrir montanhas ensolaradas. As vinagreiras selvagens dos campos da Bretanha, norte da França, a florescer no outono. Cheiros que se somaram ao do alho, essencial a tantas culturas, que brotou espontaneamente na Sicília e em outras regiões do sul europeu. Dizer que este é um bulbo de aroma forte e sabor personalíssimo é definição por demais modesta para ele, o marfim do reino vegetal.

Extravagante, marcante, insuportável ou delicioso são os adjetivos mais apropriados ao seu sabor e aroma. Os provençais são chamados, ironicamente, de *mangeurs d'ail* (comedores de

E CHEIROS DA EUROPA ENSOLARADA

alho) pelos franceses do norte. Se muitos o amam, alguns, de olfato ou estômago mais sensíveis, não o suportam – nem vampiros e maus espíritos.

Nos cultos do templo da deusa grega Cibele era vetada a entrada de pessoas recendendo a alho. Bem mais tarde, continuaria rejeitado pelas classes mais altas. Era especiaria para o zé-povinho. O rei Afonso, de Castela – uma das regiões da Espanha –, no final do século XIV, não recebia em audiência quem viesse com hálito de alho. Com os rituais de higiene de que

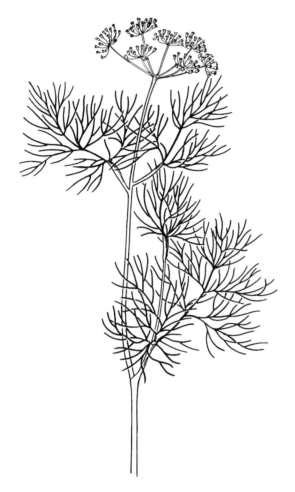

ANETO

(endro, dill)
Anethum graveolens (Umbelífera)
Dill · (ing.) · fenouil batard, aneth (fr.) · eneldo (esp.) ·
endro (it.)
EUROPA E ÁSIA TEMPERADAS

Arbusto magricela, folhas como fiozinhos saindo dos talos, florzinhas amarelas em buquê, sementinhas rajadas.

NATUREZA
Morna; aroma suave, sabor doce e delicado, levemente picante.

dispomos, não há por que não usufruir desta preciosidade. A nenhuma outra planta deste mundo foi conferido tamanho poder de destruir malignidades. Poder afinado com suas qualidades medicinais, sobre as quais já se publicaram, em revistas científicas, mais de dois mil artigos. O alho foi o mais requisitado antisséptico da Antiguidade, com incontáveis usos terapêuticos. Apaixonou os mediterrâneos, os povos do Oriente e da América. Com os portugueses aprendemos a prestigiá-lo no preparo de carnes e verduras; também para dar alma aos peixes, afastar as gripes e, se necessário, a inveja. Durante algum tempo, começando num emprego novo, carreguei sete dentes na bolsa. Às vezes, ao pegar a carteira ou a agenda, pulavam uns dois ou três, à frente dos colegas, e eu tinha que inventar desculpas para lá de esfarrapadas para tal esquisitice.

PERFUMES DE TODAS AS ERVAS

As casas recendiam a ervas, garantindo a distância regulamentar dos maus espíritos e das doenças e, na cozinha, a conservação das carnes, o tempero dos assados. O orégano colhido nas montanhas – *oros y ganos*, alegria da montanha, numa tradução aproximada do grego – enfeitava as jarras e trazia alegria e paz às casas romanas. O perfume de funchos e aipos selvagens estava por todo canto em certas regiões, como, ainda hoje, na Calábria, onde meu amigo Marcelo Scoffano os colhe, no quintal da casa dos tios. Os gregos elegantes cheiravam a tomilho; as mulheres, a alecrim, alfazema e à manjerona de Afrodite, para se sentirem irresistíveis. Banhos de tomilho e de alecrim foram usados para erguer as forças até o final da Idade Média e acabaram chegando até nós com a aromaterapia e os rituais de limpeza. Os guerreiros cheiravam a vinho, a tomilho e a borago,[1] as ervas da coragem. *Ego borago gaudia semper ago*, ditado romano da Antiguidade, significa: "Eu, borago, trago a alegria", e na tradução do herbalista John Gerard: "Eu, borago, trago sempre a coragem." As flores e folhas eram colocadas nos vinhos, com as flores se faziam xaropes para consolar o coração,

ANETO

É confundido com a erva-doce, mas suas sementes são maiores e ovaladas. Tão simplesinho e chega ao nosso convívio com qualidades insuspeitadas: como seu primo aipo, na Grécia antiga, homenageou guerreiros, coroados com suas folhas e flores. Na Europa medieval, as sementes foram utilizadas por feiticeiros, para "revelar os caminhos". Plínio, o naturalista romano, deu-lhe o *status* gastronômico: "Condimenta pratos finos, para o deleite dos entendidos."

COZINHA

É o queridinho dos escandinavos, que o chamam *dill*, como os ingleses e os alemães.
Sementes crocantes para temperar ovos e legumes, queijos e molho branco, picles, doces e tortas; aromatiza licores. Talos, folhas (frescas ou secas) e sementes, nas saladas, peixes e sopas.

USOS

Mistura para picles, azeites e vinagres aromáticos, *chutneys* ou *bouquets garnies*, para cozimentos de carne ou peixe:
moer 1 colherinha de pimenta-do-reino, 1 de pimenta-da-jamaica, 1 de sementes de aneto e mostarda, canela, pitada de noz-moscada, cravos e gengibre seco. Use e não abuse. Não esqueça o velho ditado: "Tudo o que é demais aborrece."

SAÚDE

Antisséptico, previne infecções no intestino. Botsaris recomenda levar sementes em viagens e adicioná-las a comidas, quando não há controle da higiene de alimentos. Diurético, digestivo e calmante. Na medicina popular, para chá, nas insônias, gripes, cólicas infantis e para favorecer a lactação; compressas (frias) para inflamações dos olhos.

afastar a melancolia e "acalmar a pessoa frenética ou lunática", segundo Gerard. O quanto seria útil hoje, plantado em grandes canteiros pelas cidades!

Por suas lendas e usos, o tomilho é um digníssimo representante da cultura aromática da Europa mediterrânea. Os tomilhais espalhavam-se à vontade, rasteiros e resistentes, plantados como forração de canteiros. Desta forma, foram parar nos grandes jardins franceses, criados sob as ordens de um rei amante das ervas, Carlos Magno (742-814), em castelos e praças, para que todos pudessem usufruir dos benefícios dessa e de outras ervas. Com seus ramos durinhos e minúsculas folhas verde-escuras, não há como negar que tomilhos sejam mesmo portadores da coragem: seu nome latino *thymus* significa aguçar os sentidos, força ou coragem. Imagino que ter tino tenha a ver com essa expressão. E desatino, perda do controle dos sentidos. Seus ramos eram levados pelos guerreiros para as campanhas, usados nos alimentos para lhes garantir reflexos rápidos e em compressas para tratar ferimentos, funcionando como antissépticos. Oradores e políticos, nos momentos em que precisavam de todo seu brilho e lucidez, apelavam para os ramos de tomilho, carregados junto ao corpo. Aos desanimados, a ervinha dava ânimo para seguirem em frente – sem cometer desatinos.

As proezas culinárias dessa planta a fizeram indispensável ao acervo de espécies cultivadas na Provence, sudeste da França. O Midi (Meio-Dia), como é conhecida a região, pelo sol que brilha quase o ano inteiro e lhe dá a extraordinária luminosidade que fascinou Cézanne, Van Gogh e Chagall, é a mais famosa do mundo no cultivo de ervas culinárias – a favorita de minha irmã Margarida, que lá aperfeiçoa, a cada dois anos, sua perfumada arte culinária, sem igual na família. Esparrama-se das colinas que descem dos Alpes – Digne, Castellane, Forcalquier, Moustier, Verdon – à beira do Mediterrâneo – Nice, Cannes, Antibes –, abrangendo a região dos vinhedos de Aix-en-Provence, Arles, Chateuneuf de Pape, Avignon, St. Paul de Vences e centenas de pequenos municípios e aldeias de estradas de terra recendendo a alecrim, alfazema e tomilho silvestre. Este entra, portanto, na composição das *herbes de Provence*, mistura de ervas secas tão apreciada nas culinárias tradicionais, de longos assados e cozidos de carnes de coelho, vitela, porco ou pato, patês e *terrines*, e nas mais modernas e leves, em que reinam abobrinhas e cogumelos, tomates e pimentões, berinjelas e echalotas, azeite de oliva, anchovas, aspargos, queijos de cabra e ovelha, ingredientes típicos da cozinha provençal.

As *herbes* juntam o tomilho à manjerona, à segurelha e ao orégano, em proporções equilibradas – as fórmulas variam ao gosto do cozinheiro ou do fabricante. Em algumas, somam-se também salsinha, manjericão e o serpão,[2] o *serpolet* dos franceses, irmão menos conhecido do tomilho, também de sabor marcante e agradável.

AS INVENÇÕES FRANCESAS

Se toda a Europa mediterrânea foi generosa nos oferecendo as ervas que mais apreciamos, os franceses foram os mestres das misturas e da arte de usá-las. Juntando as mais delicadas, criaram as *fines herbes* que temperam tudo. Com espécies frescas ou secas e especiarias como a erva-doce, além do louro, que não dispensam de forma alguma, fizeram os *bouquets garnies*, os arranjos de aromas usados em cozimentos e molhos. Com solo pedregoso, seco, e clima temperado, a Provence tem outra grande riqueza, os vinhedos. Legados arqueológicos indicam que a França pode ter sido o berço das uvas, reforçando fontes botânicas[3] que as localizam tanto no sudeste europeu quanto no Oriente Médio. A cultura grega as fincou na antiga Macedônia, como sendo presentes do deus Dionísio – o Baco dos romanos. Se o vinho é a mais nobre das bebidas, sempre foi importante aliado dos cozinheiros experientes, seguros de suas alquimias, e dos novatos, novidadeiros, em suas alegres e nem sempre sensatas incursões por panelas e condimentos. Que encanto especial traz às receitas!

Em todos os estágios de seu processo de elaboração, é precioso. Como vinagre, *vin aigre*, vinho ácido, foi essencial na conservação dos alimentos e no tempero de molhos e carnes. Os franceses o misturaram ao azeite, à salsinha e à cebolinha, à pimenta-do-reino e ao tomate picado, e inventaram o *vinagrette*, talvez o molho mais popular do mundo, servido em qualquer churrascaria brasileira de beira de estrada. Branco ou tinto, vinho e vinagre foram, por sua vez, aromatizados com ervas e especiarias que, além de melhorar-lhes o gosto, ajudaram a conservá-los. Nas regiões vinícolas, derivados do sumo da uva são usados como condimento: o *mosto*, o sumo antes de ser submetido à fermentação, e o *marc*, extraído do bagaço da fruta após o processo da fabricação do vinho.

Foram ainda os franceses os criadores da mais famosa pasta feita a partir das sementinhas douradas da mostarda que brotava à toa no sul europeu. Em 1630, em Dijon, vizinha à Provence, a mistura de grãos, vinagre e *herbes* passou a ser produzida em escala industrial. Quase três séculos antes, em 1390, um decreto de Carlos VI regulamentara a receita e garantira sua preservação, possibilitando a produção em grande escala sem perda de qualidade. Mostarda deriva do latim *mustum ardens*, mosto ardido, que evoluiu para a *mustard* dos ingleses, revelando que os primeiros molhos eram preparados com mosto. Outras culturas criaram pastas com as sementes claras e também com as negras, maiores, africanas e orientais, conhecidas na Europa em tempos remotos. Os italianos as misturaram às framboesas e às groselhas frescas ou em calda, ao vinho branco e às ervas, e criaram, entre outros tipos, a *mostarda di Cremona*, para acompanhar assados e grelhados. Pastas com grãos inteiros – a *moutarde à l'ancienne* –, com estragão ou pimentas, são saborosas variedades do mercado.

Viagem ao fabuloso mundo das especiarias

Basílicos e balsâmicos

No mundo das ervas, a Itália é o reino do manjericão. Nenhuma outra cozinha criou tamanha intimidade com o perfume, o adocicado, a leveza e a alegria do *basílico*. Nenhuma outra inventou usos tão exuberantes para o tomate sul-americano, da qual a plantinha é quase inseparável, em todas as suas variedades de cores e formas. Ela própria é uma estrangeira, maravilhosamente aculturada no Mediterrâneo, nascida no Oriente, lá muito longe, na Índia e no Pacífico Sul, talvez na África – o que pode ter facilitado sua travessia para o outro lado do mar. Presente nos molhos e nas massas, frangos e sopas, pães, azeite e no vinagre balsâmico, sempre fresquíssima, de preferência colhida nos vasos das janelas ou nos canteiros. É alma e corpo do *pesto* genovês, o creme verde feito com parmesão, azeite e pignolis, que ganhou o mundo lambuzando as massas. Os italianos foram os maiores difusores da erva, não apenas na culinária, mas também na medicina caseira, como chá calmante, nas brincadeiras dos jovens de antigamente, em galhinhos que traziam presos à roupa para mostrar que estavam apaixonados, e nos banhos para proteger os *bambini* do *occhio grande*. Associá-la à proteção é costume herdado dos indianos, para os quais a erva é a *tulsi* sagrada do Vedas, plantada à porta de palácios e templos para afastar maus espíritos. O nome científico da espécie mais cultivada na Índia, *Ocimun sanctum*, atesta a sólida reputação que chegou até nós com os imigrantes italianos e, no Brasil de tantos santos, encontrou eco. Na igreja de Santo Antônio de Categeró e Santo Expedito, no Rio de Janeiro, aos domingos, o pároco benze maços de manjericão levados pelos fiéis. Ao final da missa, eles levam para casa as ervas santas que vão temperar o macarrão, fazer os chás e os banhos protetores, pequenos milagres cotidianos, singelos encantos proporcionados por uma erva tão simples.

Outra espécie querida dos italianos é a manjerona, irmã delicadinha do orégano, de perfume mais suave, com a propriedade mágica de proteger o amor e a família. Na horta de casa, por

ANIS-ESTRELADO
(anis-da-china)
Illicium verum (Magnoliácea)
Star anise, chinese anise (ing.) · *fleur de la badiene, badiene* (fr.) · *badiana, anis estrellado* (esp.)
SUL DA CHINA, VIETNÃ

Arbusto que dá frutos em forma de estrelas marrons, em cujas pontas estão as sementinhas arredondadas.

NATUREZA
Morna; perfume e sabor fortes, adocicados, picantes, lembrando os do anis.

Tudo nessa estrela que é flor encanta e perfuma. Cheirosa, gostosa e bonita, sua denominação latina, *Illicium*, deriva do inglês *allurement*, encantamento, tentação, fascinação.
Num saquinho de pano, a flor da badiana, como a chamam os franceses, pode ser levada na bolsa para dar sorte.
Na China antiga, foi usada como antídoto de venenos poderosos.
É compreensível, portanto, que combata o veneno da inveja.

exemplo, nunca faltou, e garanto que alegra o ambiente quando exala seu cheiro maravilhoso, sem falar que atiça o paladar, num prato recém-saído do forno. Com o alecrim e o manjericão, compõe o grande trio de ervas protetoras da cultura popular mediterrânea – não há quem possa com as belezinhas, não há feitiço que elas não destruam, com o poder ancestral que lhes foi conferido pelos deuses.

A ilha da Sicília é o berço de um limão amarelo, perfumadíssimo e quase do tamanho de uma lima-da-pérsia, o afamado siciliano,[4] que tempera saladas e aves como nenhum outro. Que perfume! Prensado a frio com bons azeites, faz um óleo delicadíssimo que tempera não apenas o pão e os pratos salgados, mas as sobremesas – de preferência feitas com frutas cítricas. A Toscana, ensolarada e bonita, no centro-norte do país – Florença, San Gemignano, Montalcino, Siena, Vinci, Cortona, Arezzo e centenas de cidadezinhas –, é outra região de vinhos e ervas, também das oliveiras e dos ciprestes, das casas cor de terracota com janelas verdes e jardineiras de tomilhos e cercas vivas de alecrim e louro. Florença é *il giardino del mondo*, como a chamam seus gentis moradores, e não há como esquecer seus jardins, que misturam ervas e flores, tal como os da Antiguidade: toda a cidade exala

Viagem ao fabuloso mundo das especiarias

perfumes, sugerindo sabores e outras boas coisas que podemos fazer quando bem acompanhados. A cozinha regional, semelhante à da Provence, com assados, grelhados e profusão de ervas, preservou receitas antigas e simples preparadas com seus recursos naturais. O lombo de porco com sálvia é um dos pratos famosos. Na Toscana, Leonardo da Vinci, autor de *A Última Ceia*, entre tantas obras memoráveis, abriu um restaurante em sociedade com seu amigo, o pintor Botticelli – outro gênio que apreciava as artes da cozinha –, e deu-se o luxo de inventar o cortador de ovos, o garfo de três dentes e o espremedor de alho.

De Trebianno, ao norte, e de Modena, mais ao centro, são alguns dos vinagres balsâmicos[5] mais apreciados da gastronomia – escuros, envelhecidos em barris de carvalho ou bálsamo, e que podem custar pequenas fortunas, mas regando saladas e carnes, com parcimônia, fazem *la différance*.

Trufas e molhos

Algumas regiões da França e da Itália foram privilegiadas pela existência de florestas de carvalhos, sobreiros, salgueiros e castanheiras, sob

ANIS-ESTRELADO

Cozinha
Pode substituir o verdadeiro anis, que é a erva-doce – os sabores são semelhantes.
Inteiro ou em pontas, está nos pratos asiáticos, de peixes e carnes ensopados: na *Bouillabaisse*, na carne de panela, no frango com molho de soja, nas frutas assadas e cozidas, leites, doces, cremes, mingaus e chás; entra em licores como o Chartreuse e também no absinto.
Reduzido a pó, compõe as *garam masalas indianas*.

Usos
Num frango ou pato, duas ou três pontas da estrela temperam o recheio.
É especiaria dura, que não se come, mas pode decorar os pratos e encantar os convivas.

Saúde
Digestivo; aumenta a saliva; antibacteriano, pode ser usado por quem tem tendência a diarreia infecciosa; analgésico.
Uso parcimonioso: em doses elevadas pode causar convulsões em pessoas sensíveis (Botsaris).
Na medicina chinesa, como tônico do rim e expectorante, para dores reumáticas e lombares, falta de apetite; contraindicado em gastrite, úlcera e insônia (Alonso).

cujo solo, bem junto às raízes das árvores, brotou a trufa, espécie de cogumelo arredondado, de textura, sabor e aroma intensos, iguaria já apreciada pelos gregos, disputada na cozinha da Renascença e, hoje, sonho dos *gourmets* e a segunda especiaria mais cara do planeta, depois do açafrão. O alto preço está condicionado às suas singularidades: dá em poucos lugares e como Deus quer, já que não se conseguiu ainda cultivá-la em escala razoável – há pequenas culturas, como a de Norcia, Itália, onde foram plantadas aleias de carvalhos e depositados, sob as árvores, os esporos da planta. Além disso, sua manipulação deve ser feita com extremo cuidado, e fora da terra sua vida é curta, mesmo bem embalada e sob refrigeração. Para encarecê-la ainda mais, agregou forte reputação afrodisíaca. Chamada, em livros antigos, de testículo da terra – dá para brincar? –, só dá no outono, quando os *trufficulteurs* saem com seus cães e porcos farejadores para detectar a preciosidade.

Entre as dezenas de espécies, as melhores são uma negra de Périgord, no sudoeste francês, região de grandes árvores conhecida como Périgord Noir – justamente por ser o reino desta especiaria usada nos pratos de carnes e aves –, e as maravilhosas trufas brancas[6] do Piemonte, norte da Itália, tão apreciadas nas massas, risotos, molhos, ovos e queijos. Sandra Moreyra colheu-as numa de suas viagens e conta que, ao raiar do dia, os caçadores de trufas saem com seus cães perdigueiros que estão 24 horas sem comer.

"Antes, seus focinhos são esfregados com uma linguiça que ficou um dia em contato com as trufas. Eles saem doidos farejando pela floresta até que um deles sinta o perfume no pé de uma árvore e comece a cavar furiosamente. Os que acham o tesouro são premiados com as linguiças. Na volta, enquanto os cães se alimentam, o caçador prepara sua massa perfumada com as trufas raladas e azeite, um sonho."

Embora sempre exista alguém disposto a importá-las para consumo em restaurantes do Rio e de São Paulo, o risco da operação é imenso e nem sempre bem-sucedido. Os óleos trufados

Viagem ao fabuloso mundo das especiarias

e as pastas com a especiaria também são bem caros: 25 gramas de uma pasta de trufas brancas, em lojas como Dean & DeLuca, em Nova York, custam em torno de 45 dólares.

As cozinhas lusitana e espanhola incorporaram ao acervo de condimentos mediterrâneos outras espécies e usos herdados dos povos com os quais os iberos conviveram – os árabes, principalmente. Por sua costa soleira e a proximidade com o Atlântico, suas reservas de estanho e prata, a antiga Hispânia foi cobiçada por muitos. Por lá andaram os fenícios e também os gregos, bem antes de Cristo; os romanos, no ano 210 a.C., e, finalmente, os árabes, que pelo norte da África tomaram toda a região, em 711 d.C., ali permanecendo até o século XV.[7] Estes valorizaram condimentos regionais, como a hortelã, o tomilho, a salsa, e trouxeram exuberância ao uso de alhos, cebolas, cominhos e do açafrão que tingiu de ocre suas caldeiradas.

Com especiarias, azeites, vinhos e manteigas, os europeus inventaram molhos substanciosos que ganharam o mundo e se tornaram indispensáveis às nossas mesas, tanto para umedecer os alimentos e agregar-lhes sabores e texturas, como para atiçar os apetites e ligar os sentidos: dos portugueses e franceses, predominando azeites, manteigas e vinagres; do espanhol, azeites e alhos; do inglês, mostardas; do italiano, azeites, cebolas, manjericões e limões. Os azeites produzidos na Grécia, em Portugal e na Espanha, por sua vez, também agregam condimentos, além do sumo dos limões sicilianos: ervas, como o manjericão e o orégano, alhos ou uma leve mistura com o óleo de pimentas vermelhas frescas – as *chilis*, como são chamadas na gastronomia internacional.

As ervas mediterrâneas, juntamente com o aipo, o louro, o açafrão, a cebola, o alho e as pimentas, temperam os suculentos cozidos de carnes, peixes, legumes e verduras, tão apreciados dos europeus, nos seus mais variados nomes e misturas – paneladas, caldeiradas, *ollas* e *paellas, cassoulets* e *pots-au-feu* – introduzidos no Brasil pelos portugueses, claro,

AIPO
(salsão)

Apium graveolens (Umbelífera)
Celery (ing.) · *céleri* (fr.) · *apio* (esp.)

EUROPA

Talos carnosos de folhas fartas, verde-claras.

NATUREZA
Fresco; altamente aromático, sabor delicado, doce-amargo.

Planta nobre desde a Antiguidade – está na *Odisseia*, de Homero, como "selinão". Com suas folhas e flores, se homenageavam os poetas e atletas da Grécia antiga; as sementes estavam nas oferendas das tumbas egípcias. Conforta as almas aflitas, clareia as ideias, melhora o mau humor. Primo-irmão do aneto, do funcho e da erva-doce, tem cerca de quinze ou vinte espécies, entre elas o aipo comum, o tronchudo, o rábano, do qual se come a raiz, e o vermelho, não cultivado no Brasil.

COZINHA
Talos, folhas e sementes, nas saladas, perfumando – e como! – caldos e sopas, frangos (substanciosos) de panela e peixes; as sementinhas, também nos queijos, patês e picles; moídas e misturadas ao sal, fazem o sal de aipo, que dá sabor especial a tudo, em especial às saladas e assados.

USOS
O buquê da *Bouillabaisse*:
A sopa de sobras de peixes e frutos do mar dos pescadores de Marselha é temperada com um buquê fresco feito com 1 talo de aipo, 1 folha de louro, 1 raminho de salsa, 1 de alecrim, 1 de funcho, 1 anis-estrelado inteiro e 1 colherinha de cúrcuma.

SAÚDE
Diurético, testado como preventivo da hipertensão e de cálculos renais; digestivo, previne gases. Melhora a artrite e o reumatismo; bom para o fígado. Todas as partes da planta são suaves estimulantes e reconstituintes, com propriedades antitóxicas (Alonso). Tônico de limpeza do organismo.

a partir do século XVI. Durante a aventura atlântica, esses desbravadores não apenas incorporaram condimentos dos lugares onde estiveram como levaram ervas e modos culinários às suas possessões e colônias da Ásia. Por onde andaram, fizeram suas hortas, como disse Luis da Câmara Cascudo.[8] Com o louro e o alho misturados ao vinho tinto e às ervas, inventaram, por exemplo, a gloriosa vinha-d'alhos para conservar e temperar carnes, incorporado à cozinha indiana como *vindaloo*.

NOTAS

1. *Borago officinalis*.
2. Serpão, serpilho ou serpol, *Thymus serpillum*, da família das labiadas.
3. *Vitis vinifera*, de cultivo milenar e difuso. A origem exata perdeu-se no tempo; Bailey e Pio Corrêa apontam probabilidade nessas regiões.
4. *Citrus limon*, da mesma família do limão-doce.
5. O aceto balsâmico é conhecido dos italianos há dois mil anos e foi produzido comercialmente a partir do século XIX, com uvas tintas do tipo Trebbiano e Lambrusco colhidas maduras e doces, secas ao sol e prensadas para a extração do suco. Este é fervido lentamente e o concentrado, resfriado, acondicionado em barris de madeira, para que mature e evapore. A resina das madeiras é que o torna escuro e aromático, e quanto mais envelhecido, mais saboroso e caro.
6. A melhor trufa negra é a *Tuber melanosporum*, a melhor branca, *Tuber magnatum*. As trufas, assim como os cogumelos, não são plantas, pertencem ao misterioso reino dos fungos, à parte na natureza, com famílias, gêneros e milhares de espécies. Segundo Carauta, em alguns livros aparecem como plantas, devido à

Viagem ao fabuloso mundo das especiarias

definição de Lineu, em *Filosofia botânica,* do século XVIII, que dividiu as espécies vivas em apenas três reinos: mineral, animal e vegetal. Hoje se reconhecem mais de dez reinos de seres vivos.
7. Os árabes na península Ibérica foram expulsos de Portugal, em 1314, e da Espanha, em 1492.
8. Luis da Câmara Cascudo (1898-1986), Natal, Rio Grande do Norte. Pesquisou diversos aspectos da nossa cultura e produziu vasta obra: *Antologia do folclore brasileiro,* 1943; *Geografia dos mitos brasileiros,* 1947; *Dicionário do folclore brasileiro,* 1954; *História da alimentação no Brasil,* 1967-1968; *Antologia da alimentação no Brasil,* 1977, entre outros livros.

O chamado Continente Negro é o fantástico berço de muitas plantas e animais e dos primeiros homens, onde deuses vivem nas folhagens, pedras, árvores, águas e disfarçados de bichos. A África de tantas faces étnicas, climáticas e culturais, onde parte do povo reza voltada para Meca, outra para o crucifixo cristão e a maioria cultua legiões de orixás que agem soltos, senhores de si, por todo canto, legou riquezas inestimáveis à culinária do mundo. Na terra de Ossain, conhecedor dos segredos da mais humilde erva à mais frondosa árvore, mestre de feiticeiros e xamãs, surgiram ótimas especiarias e formas surpreendentes de usá-las. Como não haveria de ser? Seus deuses são glutões, apreciadores de fartos banquetes, com pratos variados e bastante condimentados. Pierre Fatumbi Verger, fotógrafo e etnólogo francês que viveu muitos anos entre as terras iorubás, na África ocidental, e na Bahia, conta em um de seus livros[1] que, antigamente, os orixás eram homens que se tornaram deuses "por causa de seus poderes e virtudes, por sua sabedoria e feitos extraor-

2. Cominhos, pimentas e dendê, os

dinários". Sendo assim, ao se tornarem orixás, mantiveram seus gostos culinários. Nos seus cardápios, as principais especiarias são as cebolas, as pimentas, os coentros e o azeite de dendê.

Exu, por exemplo, o mais astuto de todos, gosta de pratos com farofa, azeite de dendê, cachaça e carne de galo preto, e, ainda, de bode, temperada com molho apimentado. Oxum, a bonita e vaidosa moradora dos rios, aceita toda sorte de presentes, búzios, mel e pratos de *mulukun* em que se misturam cebolas, feijão-fradinho, sal e camarões. Como segunda mulher de Xangô, fazia pratos especiais para seu marido, como uma sopa de cogumelos, um *amalá* preparado com farinha de inhame e um *gbeguiri*, feito com feijão e cebola. Obá, a vigorosa terceira mulher de Xangô, aprecia quiabos pilados com milho, regados a molho de pimenta. Já Iansã, a primeira mulher desse grande conquistador, senhor da guerra, prefere

Viagem ao fabuloso mundo das especiarias

dançar a cozinhar, mas adora acarajés com pimenta. Obaluaê, o deus das doenças contagiosas que tem o dom da cura, foi um terrível guerreiro antes de se tornar orixá, e é acalmado com pratos de inhame pilado, feijão, farinha de milho, azeite de dendê, picadinho de carne de bode e muita pipoca. O vinho de palma – extraído do caule da palmeira – nunca faltou aos deuses nem aos mortais, regando os banquetes africanos de todas as regiões e credos.

Com costas banhadas ao norte pelo Mediterrâneo, a leste pelo Atlântico, a oeste pelo Índico e ao sul pelo Pacífico, com imensa terra de mais de trinta milhões de quilômetros quadrados retalhada entre desertos, savanas, estepes, florestas e barreiras de montanhas, a África de tantas faces abrigou povos diversos – bantos, sudaneses, pigmeus, tuaregues, etíopes e egípcios, entre outros – e absorveu os legados dos diversos povos que se instalaram pelo seu litoral. O interior, de mil riquezas e mistérios, permaneceu quase inexpugnável até o século XIX.

LEGADOS DA MÃE ÁFRICA

Os primeiros comerciantes estrangeiros a aportar no norte foram os fenícios, mais de dois mil anos antes de Cristo, para fundar colônias e desenvolver o comércio e a mineração. Levaram os embutidos secos e condimentados, formas de conservar as carnes em suas longas viagens e que deram origem ao *merguez* norte-africano.[2] Também foram eles os difusores, na região, da farinha de sêmola, que passaria a ser empregada no mais famoso prato da cozinha marroquina e argelina, o cuscuz, com adaptação deliciosa pelo caipira paulista. Plantaram, ainda, mudas da gloriosa oliveira que se estabeleceu solidamente ao norte, especialmente nas regiões hoje ocupadas pela Tunísia e pelo Marrocos, que se tornariam grandes produtores e exportadores de azeite, inclusive para a Itália.

BAUNILHA

Vanilla planifolia (Orquidácea)
Vanilla (ing.) · *vanille* (fr.) · *vainilla* (esp.)
MÉXICO

Favas secas, negras e macias de uma orquídea.

NATUREZA
Morna; muito aromática e doce.

Quando foi descoberta, os europeus já conheciam muitas especiarias, poucas tão perfumadas quanto esta. Madame de Pompadour, a amante de Luís XV, perfumou suas roupas com ela – quem sabe, parte da estratégia para entorpecer o rei?

Depois dos fenícios chegaram os persas, em 500 a.C., com as especiarias do Oriente Médio, os gregos, em 300 a.C., com sua culinária mais elaborada e, em seguida, os romanos. Estes lutaram durante duas gerações pelo domínio do Mediterrâneo e enfrentaram uma das mais importantes colônias fenícias, Cartago – na ponta da atual Tunísia –, que em 246 a.C. rivalizava com Roma pelo controle do mar. A partir do domínio dessa colônia, os romanos estenderam seu poder por toda a região mediterrânea, expandindo sua cultura, introduzindo valores, plantas, ervas e remédios.

Os árabes andaram pela África oriental séculos antes de sua entrada oficial na costa norte, em VII d.C., quando se instalaram, por oitocentos anos, em toda a região do Magreb – Argélia, Marrocos, Tunísia e Líbia. Levaram também à África ocidental e central sua comida carregada de bulbos, azeites e açafrões, ao mesmo tempo que brandiam seu Alcorão, amealhando, por bem ou por mal, mais e mais almas para as hostes islâmicas. Foram bem recebidos pelos negros, que queriam preservar certos costumes como a poligamia, aceita aos olhos de Alá. No caldeirão de barro africano em que borbulhou o suculento caldo das misturas condimentares às quais se somariam, mais tarde, as espécies do

Novo Mundo, reinariam sempre os temperos regionais. Em especial, um precioso trio de sementes: o cominho, a alcarávia[3] e a mostarda negra, também as pimentas e o óleo de dendê. As sementes foram usadas para temperar e conservar alimentos, abrir os apetites, inclusive os amorosos, ajudar a digestão e curar inflamações. Andaram céleres pelo mundo por serem nativas também da Ásia e por terem se tornado importantes em muitas culinárias – na judaica, na árabe, na indiana e na ibérica.

No mundo ocidental foram divulgadas pelos romanos, conquistadores de asas nas sandálias a ultrapassar fronteiras e a plantar seus reinos pelos continentes e que, cem anos antes de Cristo, haviam estabelecido a ligação marítima Egito-Índia. Em pó, as três sementinhas entraram nas complexas misturas que chamamos *curry*, típicas dos pratos indianos, também presentes nos africanos. Compõem o *ras-el-hanout* tunisiano, que significa algo como o melhor da loja, um tipo de *curry* com poderes de perfumar, colorir, dar sabor picante ao alimento e recuperar as forças dos homens após as travessias do deserto. Composto por cerca de vinte especiarias, está em alta na atual gastronomia, esquentando receitas de carnes, peixes e legumes, bocas, estômagos e corações. Se não bastassem os ingredientes

BAUNILHA

Afinal, os astecas já lhe conferiam poder afrodisíaco. Aromatizavam o chocolate e o tabaco com os cristais açucarados que obtinham das favas.

Na Índia, elas espantam o mau-olhado se ficarem de molho em leite de cabra e forem esfregadas, em seguida, no pulso.

Nos rituais mágicos, o óleo essencial é usado nas misturas do amor e para trazer sorte.

COZINHA

É uma das especiarias mais falsificadas, usada em pó, essência ou extrato; a essência sintética de vanilina é amarga e, infelizmente, a mais comum nos supermercados.

Muito usada na doçaria, nos bolos e sorvetes, leites, mingaus e cremes, perfuma o café e o chocolate.
Se usar demais, enjoa.

USOS

No açúcar:

As favas secas podem perfumar o pote de açúcar; em lojas de gastronomia talvez se consiga uma delas. Enterre-a num pote de açúcar, bem fechado. Após alguns dias, todo o conteúdo terá adquirido o seu perfume.

Use para adoçar o café e o chocolate.

SAÚDE

Foi pouco investigada. Sabe-se que seu óleo essencial tem leve ação calmante, tempero indicado para pessoas tensas e ansiosas, com dificuldade de dormir.

Usada para corrigir o sabor de medicamentos.
Na medicina popular, calmante, digestiva e, não custa reafirmar, afrodisíaca.

que já carregam propriedades afrodisíacas – botão da rosa-mosqueta, cominhos, coentros, cravos, pimentas e tantas coisas –, os africanos ainda colocaram a asinha de um pequeno besouro que, acreditam, é a grande responsável pelo poder de fogo do tempero, suprassumo dos afrodisíacos, levantando da inércia o mais pálido dos mortos-vivos. A nigela,[4] a *ajenuz* dos espanhóis, sementinha do Oriente Médio levada para a culinária africana pelos árabes e confundida com o cominho negro, também está na mistura marroquina.

O rei das sementes africanas é mesmo o cominho, de longe a mais popular das sementinhas, presente em vários pratos do norte, alguns com a marca dos muçulmanos: no *choua*, por exemplo, o cordeiro no vapor, ou no *meshwi*, o cordeiro assado no espeto. É tempero essencial, com o açafrão, o gengibre e a pimenta, do *tajine* marroquino, um cozido de carne e legumes que acompanha o cuscuz. A grande pátria da especiaria é o Egito, onde teve mil empregos. Prostrações e amarguras, sentimentos de desistência, tristeza e envelhecimento desaparecem como por encanto com seu uso, já garantiam os sábios. Grãozinho milagroso! Ao vê-lo acondicionado, sem qualquer destaque, num vidrinho de supermercado, penso se esse poder estará preservado. Amo o cominho, com seu perfume um tanto estranho. Será, ainda, capaz de varrer aqueles ciscos que ficam espetando os cantos do coração? Pelo sim, pelo não, uso-o nos feijões e na lentilha; nas sopas e num patê de cogumelos Paris com agrião, receita portuguesa. A fitoterapia, que caminha na trilha aberta pelos mitos populares, sinaliza: as propriedades revitalizantes dessa semente, assim como da alcarávia e da mostarda, permanecem imutáveis. Revitalizante é uma forma sutil de dizer o que as lendas há muito anunciaram – que esses grãozinhos à toa são capazes de nos manter acesos e de deflagrar paixões. Os incrédulos que os testem e depois aproveitem ou maldigam a própria sorte, pois não haverá mais nada a fazer a não ser... conformar-se.

No reino dos faraós, terra estranha e mística onde floresceu, às margens do Nilo, uma das mais avançadas culturas da Antiguidade, as sofisticadas técnicas de mumificação, perfumaria e cosmética, a medicina avançada, o culto aos deuses e a culinária estão profunda-

Viagem ao fabuloso mundo das especiarias

mente ligados ao universo das plantas aromáticas, como atestou o papiro de Ebers,[5] descoberto no século XIX, que descrevia centenas de espécies. A culinária, rica de temperos, dava ao cozinheiro do faraó o *status* de chefe de Estado: além de competente e criativo, ele tinha que ser leal, incorruptível. Como na Grécia e no Oriente Médio, os pães eram polvilhados com sementes e ervas para se conservarem livres do mofo por mais tempo. Os egípcios importavam especiarias e dividiam com os fenícios o comércio na bacia do mar Vermelho. Atrás do ébano, a preciosa madeira negra e perfumada, da mirra e do incenso, aventuravam-se pelo interior da África, como na expedição comandada pela rainha Hatshepsut, que em 1481 a.C. chegou aos confins das regiões onde estão hoje Etiópia e Sudão para obtê-los, não apenas para homenagear a deusa Luxor, mas para fazer com a resina uma máscara facial rejuvenescedora.[6]

O incenso era essência valiosíssima, queimado pelos povos do Oriente para reverenciar suas divindades, e também pelos cristãos, nas suas reuniões nas catacumbas. Em Alexandria, os escravos que o manipulavam trabalhavam apenas com uma tanguinha, para que não o pudessem roubar de seus senhores. Entretanto, não há registros de seu uso como condimento. A intimidade com as plantas aromáticas no Egito aumentou a partir de 332 a.C., quando Alexandre, o Grande, conquistou Tiro, o mais importante entreposto comercial fenício, na costa oriental do Mediterrâneo, e a partir daí fez de Alexandria, fundada no Egito, o maior centro de negócios do mundo – um de seus portos chamou-se Porta da Pimenta. Daí partiram os romanos para atracar seus barcos na Índia, no século I a.C.

Por sua vez, o convívio com os egípcios, que usavam as especiarias com grande requinte, sofisticou os romanos.

Pimentas, as essenciais

Antes da descoberta das maravilhosas pimentas da América, existiam as maravilhosas pimentas da África,[7] igualmente ardentes e suculentas, de variados tamanhos e cores, a atiçar o apetite dos europeus. As primeiras, comercializadas nos entrepostos norte-africanos, juntamente com ouro, marfim e escravos, vinham da costa ocidental. Ali, na chamada Costa da Malagueta, ou Côte du Graines, como a batizaram os franceses – onde estão Serra Leoa e Libéria –, brilhou, bela e formosa, a pequena e ardida malagueta, a *Aframomum melegueta*, que se manteve no mercado até o descobrimento da América. A partir daí, foi desaparecendo, com o prestígio empalidecido pelas coloridas e sensacionais pimentinhas do Novo Mundo, mais fartas, variadas e acessíveis, levadas às sacas para Portugal e Espanha. Foi assim que a *Capsicum frutescens*,[8] pequena e vermelha, que se esparrama pelas regiões quentes da América Central e do Sul, esta que reina no Brasil e que encontramos nas feiras e nos restaurantes, acabou por derrotar a malagueta na preferência dos próprios africanos, quando introduzida em seu continente, no século XVI. Aos poucos, apoderou-se do nome malagueta e com ele ganhou fama nas colônias e possessões portuguesas – danada, hein? De "a outra", passou à "principal".

Na África, hoje, como registrou Câmara Cascudo, a nossa pimenta é conhecida por vários nomes: *piripiri* em Moçambique; *jindungo* em Angola; *uziza* na Nigéria – com a qual se faz uma sopa típica –, *atará* em Gana, *malagueta* na Guiné. O mais famoso molho de pimenta dos pratos africanos, o peri-peri ou piripiri, é feito com a malagueta americana. Não se impressione, portanto, se aquele seu amigo viajante se gabar de ter comido, na África, a pimenta mais ardida do mundo, a piripiri. É provável que tenha sido a mesmíssima espécie das garrafinhas dos nossos botequins, danada de picante. Também exportamos para a África, à mesma época, a verde e ovaloide cumarim, ou comari, pequenina, mas terrível –

Viagem ao fabuloso mundo das especiarias

a proporção é esta: quanto menor a pimenta, maior o ardor. Não vamos, de forma alguma, subestimar as espécies africanas. Lá, há muitas notáveis, como as nativas do Benim[9] e da Guiné,[10] esta chamada também São Tomé. A tal *kimba-kumba*, trazida para o Brasil pelos escravos e aqui conhecida por pimenta-de-negro,[11] pimenta-da-guiné, pimenta-da-costa ou pimenta africana, andou pelas cozinhas da colônia e pelas músicas de Caymmi.

Indispensáveis na culinária de toda a África, as pimentas são usadas secas ou frescas, esmagadas, inteiras ou cortadas em tirinhas, puras ou associadas a outros condimentos. Misturadas ao gengibre, à pimenta-do-reino, às sementes de cominho, coentro, cardamomo, feno-grego, ao *ajowán*[12] e à canela, entram, por exemplo, no vulcânico *berber*, invenção etíope para dissolver as entranhas do desavisado. Também estão na *chermoula*, um forte purê de cebola, alho, coentro, pimentão, sal e açafrão, que dá um dos sabores típicos dos pratos norte-africanos. Com a pimenta-roxa, os tunisianos fazem a *harissa*, o tempero do cuscuz, somando-a ao alho, sal, sementes de coentro e cominho moídas, folhas secas de menta e azeite de oliva. Nas misturas (um pouco) mais suaves, como no *kama* marroquino, com cúrcuma, gengibre, cominho e noz-moscada, essas pimentas são às vezes substituídas pela do-reino. Na África do Sul, por influência dos indianos que lá se estabeleceram, os *curries* são extraordinários, úmidos, granulados, picantes e vermelho-escuros, pelo emprego das pimentas americanas. O que experimentei, trazido de Durban por Sigrid, uma vizinha da Indonésia criada na África do Sul e apaixonada pelos *curries* de lá, era uma espécie de farofa úmida quase marrom, com pimentas secas em pedaços, amêndoas e pelo menos uns quinze ingredientes.

CANELA

(caneleira, pau-canela)
Cinnamomum zeylanicum (Laurácea)
Cinnamon (ing.) · *cannelle, laurier cassia* (fr.) ·
canela (esp.)
SRI LANKA, ANTIGO CEILÃO

Bela árvore de médio porte e folhas viçosas. Dos ramos, secos, se obtém a casca macia, marrom-avermelhada.

NATUREZA
Quente, picante, doce, perfumadíssima, envolvente.

"Canela fazedora-de-amizades, canela *daichini* morena quente feito a pele, para achar quem o pegue pela mão... e para os outros de olhos de pedra, canela destruidora de inimigos..."*
Irmã do louro, da cânfora e da canela-da-china, é uma das mais importantes espécies aromáticas desde a Antiguidade. Perfumou as camas dos amantes, os cabelos das mulheres, o coração dos homens.
As folhas cheiram a canela e louro.

COZINHA
Do doce ao salgado, dos chás aos pratos sofisticados, só ou acompanhada, ela será sempre a rainha, a bela. Em lasquinha ou pó, dá um toque especial à vinha-d'alhos, pratos de carne, aos cordeiros espanhóis, ao peixe com canela que Veneza tornou famoso, às compotas de frutas e cremes.
Indispensável nas *masalas*.

USOS
Folhas boas de morder e de temperar o feijão.
Em rama – ou em pauzinho, como se diz –, mexe e perfuma cafés, chás e chocolates.

Pimenta síria:
Mistura em pó com canela, cominho, cravo, pimenta-do-reino e pimenta-da-jamaica; pode ser comprada ou feita em casa, em proporções ao gosto do *malsachi*, o "misturador".

* *A senhora das especiarias.*

FLORES DO DENDÊ

No Sudão, África oriental, com pequena costa banhada pelo mar Vermelho, brotou uma espécie de vinagreira[13] que se tornou bastante familiar no Norte e Nordeste brasileiros, empregada no arroz de cuxá[14] maranhense. Com folhas arroxeadas e flor carnosa avermelhada, de sabor ácido, ganhou aqui os nomes de quiabo-róseo, quiabo-de-angola, caruru-da-guiné, caruru-azedo e, na Bahia, rosélia. Provavelmente foi trazida pelos negros sudaneses, que compuseram, com os bantos, a maior parte da leva de escravos desembarcada nos portos brasileiros para o trabalho na cana, nas lavras de ouro e no café. A culinária jamaicana popularizou seu uso, no século XVIII, por isso a planta é conhecida como *Jamaica sorrel*. Por volta de 1800 foi introduzida na Europa.

A longevidade de certas espécies, em culturas distintas, suscita confusões em torno da definição de suas origens. É o caso da segurelha, também considerada norte-africana. Teria o mistral transportado para o outro lado do Mediterrâneo as sementes do sul europeu? Ou foram levadas pelos romanos que

Viagem ao fabuloso mundo das especiarias

ocuparam a região do Magreb? Os botânicos lhe conferem a dupla nacionalidade, o que é mais sensato, já que a erva estava nas duas regiões desde que o mundo deu conta de si. O doce e cheiroso manjericão teria mesmo um berço na África, como garantem alguns, ou pousou na terra dos orixás trazido do Oriente nos fardos árabes?

Se o Mediterrâneo nos legou o azeite de oliva, há milênios incorporado à comida do norte da África, o litoral deste continente nos deu o dendê. O azeite de palma viscoso e aromático que tinge de alaranjado a magnífica cozinha afro-baiana – pratos de peixes, frutos do mar e galinha, carurus, vatapás e acarajés –, regala mortais e santos, excita o paladar e inspira o bom humor, derruba gente de digestão fraca e destrói olho gordo, é extraído dos coquinhos de uma graciosa palmeira. O dendezeiro[15] se espraiava naturalmente pelo litoral e avançou pelo interior do continente. Dele, os africanos extraem não apenas o óleo com o qual também besuntam a pele para se proteger do sol, mas o leve vinho de palma, que, além de embriagador, é remédio milagroso para dissolver cálculos biliares e delicioso tempero de saladas, como relataram viajantes europeus ao

CANELA

SAÚDE
Propriedades analgésicas e antiespasmódicas. Chá excelente para cólicas, para diarreias e os desconfortos da artrose; melhora a disposição mental.
Na medicina popular é usada para fraqueza, em elixires e licores; também usada para dor de cabeça.
Evitar excessos durante a gravidez.
Afrodisíaca.

Congo, em 1591.[16] A espécie trazida para o Brasil pelos negros, em 1699, veio de Angola. Os produtos obtidos da palmeira amenizaram, certamente, o banzo dos escravos e ajudaram no processo de sedução do branco a certas formas de expressão da cultura africana. O azeite de cheiro, como é chamado na Bahia, já estava na mesa dos senhores no século XVII, transformando-se no ingrediente essencial da cozinha de baianos de todas as raças e classes sociais, em pratos que se tornaram clássicos da culinária brasileira. Os apreciadores mais exigentes preferem consumir a flor do dendê, aquele mais puro e refinado, cada vez mais raro e caro.

Do azeite se produziu o que chamamos aqui de catetê, espécie de torresmo feito a partir da espuma da fervura dos coquinhos durante o processo de extração do óleo, e a farofa de bambá – que surpreendentemente não virou nome de samba de Ary Barroso mas de uma dança dos negros –, feita com a borra do fundo do tacho no qual o óleo ferveu ou do vidro em que o dendê foi guardado, que é, então, misturada à farinha. São iguarias raras fora das regiões dos dendezais, legítimas heranças africanas que não se perderam ao longo do tempo.

A maior parte dos pratos africanos leva dendê. Entre os mais populares estão o *joloff*, das regiões ocidentais, espécie de risoto de galinha temperado com limão, acompanhado com um molho de azeite, pimentas e tomates; o *pondu*, do Zaire, no coração da África, com folhas de mandioca, berinjelas e peixe fresco preparado no óleo; ou o *dioumbre*, da Costa do Marfim, guisado de carneiro com quiabos, cozido no azeite. O dendê não falta aos guisados nem aos legumes e é usado no cozimento de peixes defumados. A palmeira bem mereceria estar representada no nosso brasão, como símbolo da miscigenação da nação brasileira, homenagem às nossas origens, da mesma forma que o café,[17] outro precioso fruto africano que encontrou, em várias regiões do país, solo e clima que o abrigassem em larga escala. As palmeiras do dendê balançam à vontade por todo o Nordeste, como se ali tivessem sido fincadas desde sempre.

Viagem ao fabuloso mundo das especiarias

🌿 Notas

1. *Lendas africanas dos orixás*, ilustrado por Carybé, 1985. Verger nasceu em 1902, em Paris, e morreu em 1996, em Salvador. Chegou ao Brasil em 1946 e, dois anos depois, iniciou suas viagens à África. Tornou-se babalaô em Kêtu e recebeu o nome Fatumbi, "aquele que nasceu de novo pela graça de Ifá". Autor de treze livros e artigos preservados na Fundação Pierre Verger, criada em 1988.

2. O *merguez* chegou também à culinária espanhola: é uma linguiça rústica, feita de carne de cordeiro condimentada com pimentas, cominho e mostarda negra, usada, em pedaços, para dar gosto aos cozidos de carnes ou às favas e do qual descendem as linguiças e chouriços aprimorados de hoje.

3. *Carum carvi* – umbelífera.

4. *Nigella sativa*, sementes aromáticas; a *nigelle,* dos franceses, o *gitono*, dos italianos, *ajenuz* ou *neguilla*, dos hispânicos.

5. George Moritz Ebers (1837-1898), novelista e arqueólogo, nascido em Berlim, fez várias viagens ao Egito e descobriu o mais precioso dos seus papiros, que editou em 1874.

6. *Les Épices*, de Jean-Marie Pelt.

7. Pimentas africanas pertencem às famílias das zingiberáceas e das piperáceas, embora outras sementes e bagas picantes aí existam, de outras famílias botânicas.

8. *Capsicum*, do termo grego *kapso* ou *kapto*, como prefere Bailey, picante; a substância picante da fruta é o alcaloide capsaicina.

9. *Piper clusi.*

10. *Piper guineense.*

11. Provavelmente a *Xylopia aethiopica*, da família das anonáceas (J. C. Th. Upho, *Dictionary of Economic Plants*).

12. *Ajowán*, da família do cominho, mas seu sabor lembra o do tomilho; usada principalmente na Índia, onde entra numa mistura, o *panch phoran.*

13. *Hibiscus sabdariffa*, nome turco; é a *sorrel*, na Nigéria; também nativa da Ásia tropical.

14. Arroz misturado a papa de farinha de mandioca, gergelim torrado e socado no pilão com camarões secos, sal e a flor seca da planta.

15. *Elaeis guineensis*, da família das palmáceas.

16. Duarte Lopez e Filippo Pigafetta, *Relação do reino de Congo e das terras circunvizinhas*, Agência Geral do Ultramar, Lisboa, 1951.

17. Principais espécies: a *Coffea arabica*, da Etiópia, da qual procedem as variedades cultivadas no Brasil, e a *Coffea robusta,* das florestas equatoriais africanas. O nome *arabica* aponta para a região que mais difundiu seu uso.

Os Jardins Suspensos da Babilônia,[1] criados por volta de 580 a.C., na então próspera região meridional da Mesopotâmia, atual Iraque, e onde vicejavam árvores de flores e frutos, vinhedos, roseirais, plantas raras das mais diversas procedências, ervas como anis, alecrim, funcho, açafrão, bulbos e especiarias asiáticas, não poderiam ter sido feitos em outro lugar. Não apenas pela riqueza e extravagância desse império. O nome Babilônia surgiu de *Bab-Ilou*, como os semitas a chamavam, ou de *Bab-El*, dos hebreus, que significa porta de Deus. Se esse era o acesso mais fácil ao reino dos céus, não se pode afirmar; das preciosidades orientais, sem dúvida. Sua situação geográfica excepcional, compondo a extensa região do Oriente Médio[2] então chamada Crescente Fértil, em forma de meia-lua, abrangia também a costa onde hoje se localizam o Líbano, a Síria e Israel, e avançava em direção à Pérsia, atual Irã. Era, portanto, o ponto natural de confluência de culturas, passagem obri-

3. Açafrão, cebolas e rosas no

gatória dos mercadores nas rotas comerciais terrestres entre o mundo de cá e o de lá. Além disso, ela própria era um celeiro de espécies aromáticas, habitada por povos que marcaram profundamente a história da humanidade, domínio de impérios poderosos e antiquíssimos – o assírio, o babilônico, o persa, o árabe. O Oriente Médio é o coração do mundo das especiarias.

A região entre os mares Egeu e Negro – que chamamos Oriente Próximo – foi, durante séculos, dominada pelos fenícios, os ingleses da Antiguidade, geniais navegadores e comerciantes. Os bizantinos, herdeiros do Império Romano, estabelecidos estrategicamente à beira do Mediterrâneo oriental e do mar Negro, nas antigas Trácia e Anatólia, atual Turquia, tiveram

Viagem ao fabuloso mundo das especiarias

importante papel na ligação entre o Oriente e o Ocidente. Nas vizinhanças do mar Vermelho, do golfo Pérsico e do mar da Arábia, estabeleceram-se os árabes, bem no centro do tabuleiro, instalados entre três continentes. Foram, por mais tempo e de forma mais obstinada ainda do que seus antecessores, os grandes articuladores do fantástico jogo comercial entre os dois mundos. Hábeis negociantes, gente forte cheirando a alho e a cebola para se proteger de doenças, lançaram-se por terra e mar às riquezas da Pérsia, da Índia, da China, do Japão e da Indonésia. Só perderam em ousadia e determinação para os fenícios, que se aventuraram pelos mares cerca de 24 séculos antes de Cristo e que ainda nos surpreendem pelo tanto que navegaram e pelos lugares que alcançaram.

Para estes, não houve fronteiras, obstáculos, cabos ou estreitos que não pudessem ser ultrapassados. A partir do Mediterrâneo dominaram o Egeu, onde colonizaram as ilhas da

PORTAL DO ORIENTE

Sardenha e da Sicília. Pelo mar Vermelho ganharam o Índico, chegando à Índia. Deram com os costados no Atlântico, no século XII a.C., ultrapassando o estreito de Gibraltar.

Contam as lendas que eles deixaram sua marca nos misteriosos sinais da Pedra da Gávea, no Rio de Janeiro. Dá para duvidar? Já vimos que, vinte séculos antes da era cristã, desembarcaram no norte da África e, em VII a.C., já tinham circunavegado o continente. Guardavam segredo absoluto de suas rotas, seus conhecimentos de ventos e correntezas, seus pontos de comércio no Oriente, com o tempo desvendados por outros povos navegadores, inspirando as viagens árabes e, depois, as dos europeus.

63

CAPIM-LIMÃO

(capim-cheiroso, capim-cidreira, capim-santo, citronela)
Cymbopogon citratus (Gramínea)
Lemongrass (ing.) · citronelle (fr.) · hierba limón (esp.)
SUL DA ÍNDIA, SRI LANKA, SUDESTE ASIÁTICO

Capim com cara de capim, folhas longas, finas, macias, verde-claras.

NATUREZA
Fresca, cítrica, levemente picante, perfumada, doce.

Espalhou-se como mato, mato que é, pelo mundo tropical asiático, tomando conta de tudo. Impossível apontar sua origem exata: existia na Ásia, Europa e África antes de o mundo estreitar-se com as grandes navegações. Ganhou poderes mágicos além de puro feitiço nos pratos tailandeses e vietnamitas.
Atrai amigos e serena os ânimos da casa.

COZINHA
Nos pratos das cozinhas do Pacífico Sul, confere suave aroma de limão aos peixes e frutos do mar. Entre nós, o uso predominante é como chá das folhas frescas ou secas, mas começa a ser adotado na culinária.

O INCRÍVEL POVO DE SIMBAD

A incrível aventura árabe pelo mundo mistura ficção e realidade, tendo se desenrolado em tempos remotos, muito antes da Guerra Santa à qual se lançaram para expandir a doutrina de Maomé, a partir de sua morte, em 632 d.C. Os povos do deserto estabeleceram longa conexão entre a península da Arábia, o Oriente, o Mediterrâneo e a África oriental, fincando as bases do futuro império muçulmano, que engloba atualmente cerca de vinte países. Há relatos de que em 800 a.C. tenham ancorado na China e nas ilhas Molucas, lá no meio da Indonésia. Na volta, os produtos adquiridos na base de trocas eram negociados nos postos norte-africanos. Durante muitos séculos, fizeram crer que as riquezas vinham de casa, da Arábia, nunca revelando sua origem nem as longas viagens para buscá-las.

Naquele ir e vir por rotas extensíssimas, vencidas a pé, de camelo ou navio, a distribuir produtos, não encontraram barreiras. Nessa aventura, se enfiavam por até dois anos fora de casa, propagando informações e curiosidades, expandindo hábitos, introduzindo espécies em outras terras, enquanto enfrentavam toda sorte de dificuldades em mares e desertos, driblando monções, idiomas incompreensíveis, conflitos políticos e religiosos, diferenças culturais, precariedade de aprovisionamento, lendas terríveis sobre monstros que habitavam os oceanos. Foram extraordinários divulgadores de sua própria cultura, difundindo, por exemplo, os algarismos criados por eles, a bússola e o astrolábio e, claro, sua forma de comer e suas crenças. Por outro lado, interessaram-se profundamente pelos mais diversos aspectos das culturas estrangeiras. Avicena[3] e Averroes[4] foram grandes filósofos e médicos muçulmanos influenciados pelas ideias de Aristóteles.[5] A Averroes deve-se, já no século XI da nossa era, a recuperação da obra deste que foi um dos maiores pensadores gregos, e que estava esquecida na Europa. A partir de sua tradução para o árabe, foi vertida, na Espanha, para o latim, e assim redescoberta e novamente estudada no Ocidente.

Ultrapassando portais invisíveis, por terra ou mar, em direção ao Oriente, os mercadores chegavam aos reinos das pedras preciosas e das sedas, do arroz e do chá preto, das tintas para tecido[6] e do açúcar da cana, e das chamadas grandes especiarias, a pimenta-do-reino, o cravo e a canela. Como moeda de

CAPIM-LIMÃO

Usos
Usam-se apenas os dez ou quinze centímetros inferiores dos talos, frescos e picados, nos ensopados de frangos, cozidos de peixes e frutos do mar, sopas e compotas de frutas.
As partes superiores das folhas, muito fibrosas, usadas em infusão, são adicionadas às receitas.

Saúde
Excelente para cólicas digestivas e gases.
Planta diurética; expectorante, para fluidificar a secreção brônquica, pós-gripe.
Na medicina popular tem fama de ser calmante.

troca, levavam ervas, como a menta, a sálvia e a manjerona, sal, azeites, cominhos e coentros, açafrões, pimentas, bálsamos, incensos, joias, linhos, lãs, ouros, vidros, pratas, estanhos e corais, produtos babilônios, egípcios, africanos, europeus, persas e árabes. Por terra, as caravanas venciam lentamente desertos, montanhas e planaltos, desde o sul da Arábia, passando pelo Egito e pela Terra Santa, daí para os desertos do Iraque e da Síria, em direção à Pérsia, tomando a chamada Rota da Seda, alinhavada até o nordeste da China, à cidade de Changan (Xi'An).

Pagavam taxas para atravessar certas regiões. Durante quatrocentos anos, entre 206 a.C. e 220 d.C., à dinastia Hin, para fazê-lo em segurança. Na volta, a caminho do Mediterrâneo, a rota se dividia à altura de Samarkan, na Mongólia: uma tomava o norte, passando por Teerã e Bagdá, e a outra atravessava o Cáucaso, depois a Turquia, ramificando-se até os portos mediterrâneos. No século VIII, os árabes já haviam plantado cana-de-açúcar no norte da África, Egito, ilha de Creta, Sicília e Espanha. Já haviam hasteado suas bandeiras nos picos das montanhas de cravo, nas ilhas indonésias, e de canela, na ponta do Ceilão.

No século X, Constantinopla, capital do Império Bizantino, hoje Istambul,[7] criava dificuldades, por terra, ao trânsito árabe. Isto, entretanto, não impedia esse povo de, nos seus navios, chegar aonde bem queria. Os mares estavam à sua frente, oferecendo vários caminhos. O de Omã virou mar da Arábia, tal o seu domínio sobre essas águas. Pelo mar Vermelho, atravessando o golfo Pérsico, navegavam em linha reta até Calicute, o mais importante posto comercial do Oriente, na costa do Malabar, sul da Índia, hoje estado de Kerala. Em 1453, após a conquista de Constantinopla, os turcos bloquearam de vez o acesso por ali, e os árabes perderam o domínio do comércio no Mediterrâneo. Mesmo tendo que dividir com outros o grande negócio das especiarias, não deixaram de ser as grandes estrelas desse emocionante espetáculo.

Não poderia ser de outra nacionalidade o marujo mercador que povoou as histórias infantis. Simbad, com seu turbante esvoaçante, partia de Omã, à beira do mar da Arábia, para bus-

Viagem ao fabuloso mundo das especiarias

car especiarias na costa do Malabar, numa das rotas mais remotas criadas pelos fenícios e aperfeiçoadas pelos árabes.

🌿 SABORES E CHEIROS

Se o Oriente Próximo e o Oriente Médio confluíram e irradiaram costumes, sua comida é uma rica mistura de sabores e aromas que só perde em exuberância para a Índia. Das ervas estrangeiras aí aculturadas, a hortelã, por exemplo, é quase sagrada para os árabes: "Nos admiráveis palácios cobertos de mosaicos, assim como nas tendas dos pobres felás respira-se o perfume inconfundível da erva", conta Rosy Bornhausen, em seu delicioso *As ervas do sítio*. As folhinhas frescas nos quibes crus têm necessária função vermífuga. A salsinha é muitíssimo apreciada e não falta à pasta de *hummus*, feita de grão-de-bico e óleo de gergelim. Alhos, cebolas, azeites, cominhos e coentros, sempre nos pratos. Verduras, berinjelas, carnes de carneiro, cabra, pato, leites, iogurte, mel, azeitonas, grão-de-bico, trigo, arroz, pães, doces, frutas frescas e secas – pêssegos, ameixas, damascos, tâmaras, avelãs, pistaches, amêndoas – são os alimentos básicos dessa cozinha que se manteve imune a modismos culinários, com receitas tradicionais que juntaram a simplicidade do modo de comer do povo do deserto e o frescor dos alimentos dos agricultores palestinos à sofisticação dos pratos dos príncipes persas, que criaram iguarias com arroz, pato, amêndoas e frutas frescas, condimentados com especiarias da Índia e da China, como cardamomo, cúrcuma e gengibre.

Os persas eram *gourmets* e gostavam de luxo também à mesa: cobertos de seda e joias, espiavam o mundo do alto de seus tapetes voadores e, a perder de vista, não vislumbravam jardins mais belos do que os seus, onde cultivavam as ervas que serviam à arte culinária e à medicina. O fácil acesso às especiarias revestiu seus pratos de múltiplos aromas, como, por exemplo, o arroz com cardamomo, cravo, cominho e canela-cássia e o *khoresh*, cordeiro em molho

67

CARDAMOMO

Elettaria cardamomum (Zingiberácea)
Cardamon (ing.) · *cardamome* (fr.) · *cardamomo* (esp.)
FLORESTAS TROPICAIS DA ÍNDIA

Árvore frondosa, da família do gengibre e da cúrcuma, produz pequenos frutos verdes ou negros que guardam minúsculas sementinhas perfumadas.

NATUREZA
Quente, agridoce, muito aromática, ligeiramente canforada.

Abre-se a baguinha seca, com a unha, e lá estão as sementinhas. É morder para crer: a boca se enche de um gosto bom, o hálito de um perfume fresco!

espesso e agridoce de especiarias. A prosperidade turca, por sua vez, inspirou a extravagante doçaria de toda a região, à base de pastas e tortas recobertas de mel e açúcar, com frutas secas condimentadas com cardamomo e regadas a água de flores – um luxo! Sementes de nigela, cominho, coentro e papoula polvilham pães e tortas.

Na cozinha do Oriente Médio, além dessas sementes, algumas plantas nativas ganharam *status* especial na gastronomia: a echalota, pequena cebola da Palestina, tão apreciada pelos franceses, e as bagas vermelhas, meio ácidas e picantes do *sumac*,[8] colhidas de uma árvore do Líbano e vizinhanças, que são transformadas em pó para temperar pratos salgados. As folhas do *zahtar*[9] dão nome a uma mistura típica da Jordânia e da Turquia que chegou ao norte da África, na qual elas entram secas, com o gergelim, o *sumac*, o hissopo e o tomilho – tudo moído.

Entre a Pérsia e o Afeganistão brotou um funcho gigante do qual se extrai uma resina infalível nos pratos orientais, considerada afrodisíaca e rejuvenescedora – especiaria mágica, portanto: a asafétida,[10] ou melhor, estrume do diabo, como é chamada no Oriente. Com sabor entre o alho e a cebola, é uma das mais aromáticas que existem, comum na comida indiana, nos peixes, molhos e legumes. Na alimentação dos brâmanes, substituiu os bulbos que, infelizmente para eles, "inflamam a paixão sexual". Se ela não estivesse à mão, por ali, certamente seria bem mais difícil resistir a uma lasquinha de cebola no prato – a magnífica, a absoluta, a curativa de tantos males, talvez a mais importante especiaria do Oriente Médio.

Quem, fora os recatados brâmanes, pode conceber uma cozinha sem cebola? Ela pode até fazer chorar, mas nunca de tristeza. É provável que a região do Irã seja também uma das pátrias do aneto, cujas sementinhas transitam muito bem dos doces aos salgados, das receitas asiáticas às europeias. Do mar da Arábia são as sementes quadradinhas do feno-grego, outra preciosidade pouco conhecida dos brasileiros, embora encontrada nas boas lojas de temperos. Ela é a responsável, com todas as honras, pelo sabor e aroma típicos do *curry* – sim, senhorita! O *curry* não cheiraria maravilhosamente a *curry* se não fosse pelo feno-grego. O cálamo,[11] do mar Negro, é raiz de um arbusto que se espalhou pela Ásia e Europa. Seca e transformada em pó, tem sabor adocicado e quente, com uso semelhante ao da canela.

CARDAMOMO

Não é à toa que estão associadas ao amor e foram citadas nas histórias de *As mil e uma noites*.
Os árabes não as dispensam, colocando-as no café que servem aos amigos, para estreitar os laços.
Na Índia, são a alma do *curry*, a alma daquela cultura aromática sem igual.

COZINHA
O *elachi*, como os indianos o chamam, ganha mais sabor tostado.
Entra em pó nos *curries* que temperam legumes, carnes e frangos.
Uma ponta de colher dessas misturas pode ser o início de uma gostosa aventura culinária pelo mundo do cardamomo.
O negro, de forte aroma canforado, não é tão saboroso quanto o verde.

USOS
Como na Índia, cravos e cardamomos são triturados para mastigar após as refeições.
Como entre os árabes, algumas sementes no café, ao passá-lo, ou na xícara, perfuma e tira a acidez.
Como os espanhóis, no chá: algumas cápsulas amassadas numa infusão, com um pedacinho de casca de laranja.
Como eu, sementinhas mordidas, cruas, à toa, sem quê nem pra quê.

SAÚDE
Citado nos textos ayurvédicos, foi valorizado também na medicina dos gregos e dos chineses.
Propriedades adstringentes, indicado para diarreias; digestiva, protege a mucosa do estômago, indicado para gastrite.
Na medicina tibetana é uma das Seis Coisas Boas para a saúde, usada para males dos rins.
Na cultura popular indiana, abre os apetites – todos: considerado afrodisíaco.

A MAIS CARA, A MAIS BELA

Isso não é tudo: o caviar dos temperos, o açafrão brotou provavelmente entre Turquia e Pérsia, à porta do Oriente Médio, de onde saiu para ganhar as mesas mais sofisticadas da Antiguidade e dos nossos tempos. Nasceu caro, difícil de ser obtido. Suas florzinhas produzem aquele estigma fininho, levíssimo, vermelho-alaranjado, que tinge deste tom tudo o que simplesmente tocar: pratos, dedos, roupas, beijos. Sua reputação afrodisíaca vem de longe, sustentada por egípcios, fenícios, gregos, romanos, árabes. Não há por que duvidar. Foi o tempero favorito dos fenícios, que o levaram para todo canto e, provavelmente, para a Espanha, bem antes dos árabes. Os espanhóis, maiores produtores e exportadores da especiaria, o amaram desde que o conheceram, e não deixa de ser nostálgico o fato de terem tido que optar, hoje, por outros vermelhos para as suas receitas, os *colorantes alimentares* à base de farinha de milho, que não têm gosto de nada, e os *pimentóns*, como chamam a páprica.[12] Os preços dos estames são quase inviáveis: meio milhão de flores para colher um mísero quilinho deles, vendidos a sete dólares o grama nas grandes lojas de temperos.

Pela dificuldade em obtê-lo e pelos altos preços que atingiu é, seguramente, a especiaria mais falsificada desde que o mundo começou a girar. É fácil cair no conto do açafrão legítimo em qualquer mercado da França ou da Espanha, da Turquia, do Marrocos, de Istambul e do Rio de Janeiro. Os preciosos estigmas podem ser, por exemplo, os das flores da arnica ou de um tipo de margarida[13] ou, ainda, do cártamo,[14] chamado de açafroa, usado de longa data por egípcios e chineses para tingir tecidos e fazer remédios.

Os franceses advertem: o açafrão de Bourbon ou o açafrão verde, encontrados nos seus mercados, não passam de pó de cúrcuma, bem amarelo, barato até mesmo no Brasil, que o cultiva com sucesso como açafrão-da-terra. Como saber qual é o *fake*? Difícil dizer. O mais

Viagem ao fabuloso mundo das especiarias

seguro é comprar os fiozinhos em vez do pó, em bons estabelecimentos. Encontrei um, espanhol, bem aromático, no mercado central de São Paulo; em compensação, ganhei um, comprado na Espanha, pozinho vermelho de não sei o quê.

A fértil região do portal das especiarias é o berço de outras flores belas e ricas em essências aromáticas. As rosas, de tantos poderes e significados, as preferidas de Afrodite, símbolos do amor, presente de Eros ao deus do silêncio,[15] surgiram na Pérsia. Pontificaram nos seus jardins, nos unguentos balsâmicos, nos rituais mágicos e terapêuticos e na culinária. Espalharam-se pela Turquia, Síria, Europa oriental, Índia e China através dos nômades árabes. Segundo as lendas do povo do deserto, quando Maomé foi levado aos céus, uma gota de seu suor caiu na terra, transformando-se na flor.

Ao descobrir o processo de destilação, no século X, Avicena aplicou-o às flores e assim obteve o óleo das pétalas de rosa. A partir daí, fez a água de flores, que se tornaria condimento apreciadíssimo em toda a região. Com ela, especialmente turcos e libaneses sofisticaram sua culinária – mais que tudo, os doces. A água de rosas ou *maé wared*, encontrada no mercado internacional como *maward*, entra, por exemplo, no *rahat loukoum*, feito com calda de açúcar, maisena e pistaches, assado e comido frio em pedaços polvilhados de açúcar. A água de *azahar*, da flor da laranjeira, árvore nativa da Ásia oriental, é exportada como *maé zahar*, ou *mazaher*, e condimenta bebidas refrescantes e saladas, além dos doces. O jasmim,[16] de inebriante perfume, florindo da Pérsia à China, aromatiza arroz, chás e, claro, doces – para acompanhar o café forte dos árabes perfumado sutilmente com sementes de cardamomo e servido em pequenas taças, delicadeza que os amantes desta bebida devem provar.

MAIS PRECIOSIDADES, MAIS TEMPEROS

O funcho, que não tem parentesco algum com a espécie gigante da asa-fétida, e ainda a alcarávia, a manjerona e o cerefólio, condimentos já nossos conhecidos, surgiram também no lado oriental do Mediterrâneo. Obra da natureza ou de gente, quem sabe? A magnífica árvore do zimbro, sob cuja copa o profeta Elias descansou, nos seus retiros pelas vizinhanças do monte Carmelo,[17] na Palestina, em 850 a.C., antes de subir aos céus numa carruagem de fogo, chegou ali ao nascer das culturas. A lenda conferiu à planta o poder de favorecer a meditação, estado que pode levar os mais dedicados ao céu da paz interior. O que posso garantir é que as baguinhas negras, levemente picantes e bastante perfumadas, são capazes de nos pôr a meditar, por longos minutos, sobre como ficou gostoso aquele peixe assado temperado com a especiaria *concassé*, esmagada, alecrim e manteiga, embrulhado em folha de bananeira.

Na antessala da Índia, a culinária da região misturou soberbamente espécies da Ásia tropical como cardamomo, cúrcuma, gengibre e gergelim, criando temperos e pastas. Além do *zahtar*, o *zhug*, por exemplo, é uma invenção iemenita feita com cardamomo e cominho moídos, alho e pimentas, tempero de sopas e cozidos. *Tahina*, ou *tahine*, é preparado com azeite e gergelim. Quando misturado ao grão-de-bico amassado, ao suco do limão, ao alho e à salsinha, tem-se uma entrada famosa, o *hummus bi tahine*, sucesso dos restaurantes árabes, passada no pão. As perfumadíssimas *masalas* indianas estão nas cozinhas do Oriente Médio, conjugando cominhos, cravos, canelas, cardamomos, pimentas e noz-moscada. A tal pimenta síria, que conhecemos, baga marrom, durinha e esférica, com aroma e sabor que remetem ao de várias especiarias, de síria não tem nada. É a excêntrica pimenta-da-jamaica,[18] que ganhou usos na culinária oriental. No Brasil, usufrui, com o falso nome, do prestígio de uma região especialíssima na arte de criar pequenas mágicas do paladar. Uma delas é o *dukkah*,

Viagem ao fabuloso mundo das especiarias

mistura das sementes de coentro, cominho e gergelim com avelãs, tudo tostado e moído com sal, que é polvilhada sobre os pães regados com azeite – dá para fazer em casa.

Possivelmente na Turquia brotaram os olivais, daí se espalhando por toda a região mediterrânea e pelo Crescente Fértil, estendendo-se até a Grécia, há duzentos mil anos ou em tempos ainda mais remotos.[19] De qualquer forma, as versões dão sustentação à lenda grega de Atenas e, ao mesmo tempo, explicam os restos fossilizados da árvore encontrados na região das antigas Trácia e Anatólia. As azeitonas pretas, verdes ou arroxeadas, grandes ou pequenas, gordinhas ou afiladas, guardam, em sua essência, o óleo da longevidade, que cura, unta, perfuma, alimenta e enobrece a refeição. Os árabes o batizaram de *az zait*, sumo de azeitona.

A oliveira ganhou sólida reputação de trazer bons augúrios: com um raminho no bico, a pomba deu a Noé a prova de que havia terra seca onde sua família, os bichos e as plantas, abrigados na Arca, poderiam, enfim, repovoar o mundo. Este pedaço de chão onde tudo recomeçaria era o monte Ararat,[20] entre Turquia, Rússia e Irã, treze mil anos antes de Cristo, não muito distante de onde homem e mulher surgiram na face da Terra, nos fantásticos jardins do Éden povoados de flores, frutas, plantas aromáticas – até mesmo a cebola, segundo alguns livros –, às margens do rio Tigre. O mundo, portanto, na ótica cristã, recomeçou na Mesopotâmia, onde a oliveira provavelmente surgiu, na aurora dos tempos, presente divino destinado a trazer muitos benefícios aos homens.

Notas

1. A Babilônia, uma das cidades mais prósperas e populosas da Antiguidade, ficava às margens do rio Eufrates, a 160 quilômetros de Bagdá, capital do Iraque. Com uma arquitetura monumental, foi sede de impérios e, a partir do século IV a.C., entrou em decadência, dela só restando ruínas.

2. Oriente Médio: Egito (abordado no capítulo 2), Jordânia, Israel, Síria, Iraque, Irã, Arábia Saudita, Iêmen e Kuwait. A Turquia faz parte da chamada Ásia Menor, entre os continentes asiático e europeu.

3. Abu Ali al-Hussain ibn Abdallah ibn Sina, Avicena, persa de nascimento (979-1037); ver Parte 3: Sabores que curam.

CEBOLA

Allium cepa (Liliácea)
Onion (ing.) · oignon (fr.) · cebolla (esp.)
AFEGANISTÃO, IRÃ E SUDOESTE DA ÍNDIA

Irmã do alho; bulbos de várias cores e formas.

NATUREZA
Morna, sabor forte, picante, doce e lacrimejante.

Apenas na Idade Média passou a ser usada como tempero, antes era legume.
Teve grande importância entre os egípcios, uma espécie de marca de cheiro da população pobre, escravos e prostitutas, que a comiam crua e em abundância, para se prevenirem contra doenças.
Foi reproduzida nas pinturas murais e nos sarcófagos.
Gregos e romanos conheciam e glorificavam as qualidades medicinais do bulbo apreciado por tantos povos, mas rejeitado pelos brâmanes, por inflamar a paixão sexual.

COZINHA
São muitas as espécies: a cebola branca, redonda ou em formato de pera, de casca amarela; a achatada da Itália, a amarelo forte de Portugal; as vermelhas da Madeira, Canárias e Gênova; as roxas, as pequenas, de conserva (colhidas novinhas).
Árabes e egípcios as comem cruas.
Cortada em gomos, rodelas ou picada, refogada ou desidratada, é um dos temperos básicos da nossa cozinha, usada para quase tudo.
As folhas têm sabor suave e uso igual ao da cebolinha.

USOS
Uma cebola com cravos enfiados por todo lado dá maciez aos assados – e que perfume!

Para não chorar ao descascá-la, jogue sobre ela água fervente e deixe-a mergulhada, por dois minutos, apenas para abrandá-la, como dizem os espanhóis; retire-a, espere esfriar e descasque.

4. Abu-l-Walid Muhammad ibn Almad ibn Muhammad ibn Rusd, Averroes, nasceu em Córdoba (1126-1198).

5. Aristóteles (Estagira, 384-322 a.C.), filho de um médico amigo do rei da Macedônia, Amintas II, foi aluno de Platão por dezenove anos. O rei Felipe lhe confiou a educação do filho Alexandre, o Grande. Produziu vasta obra sobre os mais diversos assuntos: física, política, medicina, ética, poesia. Parte dela perdeu-se; a outra, recuperada a partir das traduções árabes, marcou uma nova era na filosofia, que se daria no século XIII (*Historia de la filosofia*, Julián Marías).

6. Eram extraídas da madeira avermelhada de uma árvore da Sumatra que os árabes levaram para a Índia e o Egito e os iberos chamaram pau-de-tinta ou brasil. A *Caesalpinia echinata*, espécie abundante no Brasil à época do descobrimento, o pau-brasil, não fornecia tinta tão boa quanto a espécie indonésia.

7. Istambul, a única cidade do mundo situada em dois continentes, parte ligada à Bulgária, na Europa oriental, à beira do mar Negro e do Egeu.

8. Sumac – *Rhus coriaria*, da família das anacardiáceas, a mesma da mangueira e do caju. Os franceses a chamam *vinagrier, sumac* ou *roux*; os hispânicos, *zumaque.*

9. *Cuscuta xanthochortos*, o cipó-chumbo, como foi chamado pelos antigos herbalistas do Oriente Médio. É parasita de formas bizarras que dá também em regiões frias, e a ela são atribuídas propriedades depurativas, diuréticas e estomáquicas.

10. Asa-fétida, assa-fétida, feno gigante ou *devil's dung* – *Ferula communis*, da família das umbelíferas.

11. *Acorus calamus*, da família das acoráceas. A parte usada é o rizoma, aromático e amargo, de propriedades digestivas e sedativas, do qual se extrai também um óleo. A espécie *Calamus aromaticus* é encontrada no Brasil como cálamo-do-pará.

12. A páprica ou *páprika*, dos húngaros, é o pó do pimentão seco da espécie vermelha, grande e adocicada (páprica doce) ou da mistura do pimentão com a pimenta vermelha (páprica picante). Os *pimentóns* podem ser aromatizados artificialmente.

13. *Calendula officinalis*, a maravilha ou *fleur de souci*, dos franceses.

14. *Carthamus officinale, C. tinctorius*; da família das compostas. Usam-se as flores amarelas, seus grãos e o óleo deles extraído, o *huile*

Viagem ao fabuloso mundo das especiarias

de colza dos franceses, adotado nas dietas de prevenção da arteriosclerose; não deve ser usado durante a gravidez (*Encyclopedia of Herbs*).

15. A rosa, no mundo antigo, era símbolo de silêncio, herança da lenda de Eros, que a ofereceu ao deus do silêncio. Na língua inglesa, *subrosa* quer dizer "confidencialmente" (*A utilização ritual e mágica dos perfumes*).

16. *Jasminum;* o nome vem do árabe *jas-minum*, da família das oleáceas, integrada por cerca de quinhentas espécies divididas em regiões temperadas e tropicais.

17. Monte Carmelo, I Livro dos Reis, 19,4 e 21. O lugar era parte da atual Haifa, em Israel, à beira do Mediterrâneo. Em hebraico, *carmelo* quer dizer "jardim", de onde concluímos que essa região não era deserta como é hoje.

18. *Pimenta dioica*, mirtácea. Por seus múltiplos sabores, foi batizada de *allspice* pelo botânico inglês John Ray (1627-1705).

19. *Olea europeae*. São cerca de quinhentas espécies com origem entre Grécia e Turquia, como sugere Maguelonne Toussaint-Samat, em *Histoire Naturelle et Morale de la Nourriture*. No Brasil há plantações no Rio Grande do Sul.

20. A Arca de Noé ancorou no monte Ararat (Gênesis 8:4), nas cabeceiras do rio Eufrates.

CEBOLA

Saúde

Propriedades semelhantes às do alho: antissépticas, usadas para as secreções de gripes; anti-inflamatórias; antioxidantes; baixa o colesterol; facilita a circulação; boa para o fígado; útil às pessoas com risco de infarto. Botsaris atenta para o fato de que podem acentuar a ação dos remédios para esse fim.

No diabetes, o consumo de 50g por dia reduz à metade as necessidades de insulina e aumenta a tolerância à glicose. Segundo pesquisas realizadas na Holanda, derivados sulfurados da cebola reduzem a incidência de câncer (Alonso).

Na medicina popular, para bexiga e rins, hipertensão e prisão de ventre; esfregada no local, para picadas de abelha.

Chegamos à Índia, o grande salão perfumado onde as especiarias dançam com Shiva, embaladas por ritos ancestrais, seduzindo paladares, restaurando forças, abrindo os canais com o divino, presentes valiosos de Brahma, o criador da natureza, na crença hindu. Especiarias do amor, como *lanka*, a pimenta vermelha, que expiam culpas, como *dhania*,[1] o coentro, ou que dão firmeza ao coração, como *ada*, o gengibre-dourado. Especiarias que nos ensinam a ser generosos, como *lanang*, o cravo, e *dalchini*, a canela; protegem do mau-olhado e dos homens infiéis – será o Benedito? –, como *kalo jire*, o cominho-preto; que nos ensinam a ser firmes, como *kalo marich*, a pimenta-do-reino, ou despojados, como a graciosa *tulsi*, o manjericão, que, para os indianos, não é tempero, é somente erva mágica. Plantas que, enquanto temperam o alimento, nos ajudam a digerir as tristezas, como a dulcíssima *mouri*, a erva-doce, que nos consola quando aparentemente nada ou coisa alguma consegue fazê-lo. Picantes, doces, amargas, discretas, frescas, quentes, estranhas, misteriosas

4. BELEZA, SANGUE E LÁGRIMAS NO

especiarias que ganham poder quando manipuladas, esfregadas, invocadas e saboreadas. Algumas delas, símbolos da cobiça, nos tempos em que foram o petróleo da terra, quando a agridoce cobiça as tingiu de sangue.

Para os europeus, as Índias eram o poço sem fundo de riquezas, terras que se estendiam da Índia à China e ao Japão e, a sudeste, às ilhas do Pacífico. Quando iniciaram a corrida ultramarina pelo domínio dos seus centros de produção e comércio, no século XV, investiram tudo o que tinham, ouro, prestígio, milhares de vidas e centenas de barcos lançados ao mar Tenebroso, o até então pouco navegado Atlântico. Reinos quase faliram, nobres empobreceram, na ânsia de riquezas. Aventureiros largaram a família e enlouqueceram pelos mares para conhecer mundos, navegadores bem-sucedidos caíram em desgraça, como Colombo; outros, como Vasco da Gama, tiveram todas as glórias. Piratarias, espionagens, intrigas,

Viagem ao fabuloso mundo das especiarias

disputas de poder, embates, atrocidades, milhares de vidas perdidas, terras descortinadas foram capítulos desse épico espetacular: a corrida à pimenta-do-reino, ao cravo, à canela, à noz-moscada, ao açúcar da cana. Em *Mar portuguez*, o poeta Fernando Pessoa traduziu todas as dores e glórias desta incrível aventura:

> Ó mar salgado, quanto do teu sal
> são lágrimas de Portugal!
> Por te cruzarmos, quantas mães choraram,
> quantos filhos em vão rezaram!
> Quantas noivas ficaram por casar
> para que fosses nosso, ó mar!
> Valeu a pena? Tudo vale a pena
> se a alma não é pequena.

PARAÍSO DAS ESPECIARIAS

> Quem quiser passar além do Bojador
> tem que passar além da dor.
> Deus ao mar o perigo e o abismo deu,
> mas nele é que espelhou o céu.

Depois dos cruzados e do livro de Marco Polo, os europeus estavam bem informados sobre a origem dos produtos comercializados pelos árabes e, mais que isso, sobre algumas de suas rotas. Restava-lhes traçar o melhor caminho às especiarias, que lhes custavam os olhos da cara compradas dos atravessadores, os venezianos. Quebrar esse monopólio estabelecido no Mediterrâneo era questão crucial: o mercado europeu, à época, era abastecido principal-mente pelos comerciantes de Veneza, que mantinham contato direto com os árabes, no norte

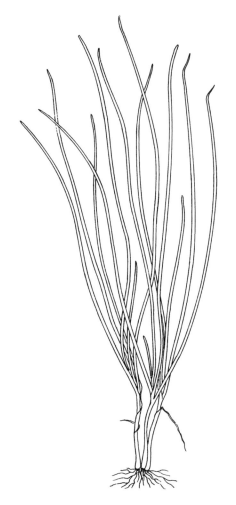

CEBOLINHA

(cebolinha-verde)
Allium shoenoprasum (Liliácea)
Chives (ing.) · ciboulette (fr.) · cebollinos (esp.)
EUROPA, CHINA E AMÉRICA DO NORTE

Irmã do alho e da cebola, com talos fininhos e cilíndricos e belas florzinhas lilases.

NATUREZA
Morna, sabor picante, ligeiramente acre.

Foi chamada pelos franceses de *appetit*, tão fresca e convidativa.

da África, comprando deles os produtos que distribuíam na Europa, e também tinham suas próprias rotas, pelos mares Negro e Adriático. Estavam com as burras cheias de dinheiro, despertando a natural inveja dos vizinhos. Já tendo perdido o controle do Mediterrâneo, os árabes continuavam donos das milenares rotas do oceano Índico que ligavam Calicute e outros portos indianos às costas oriental e setentrional da África. O cenário mediterrâneo se complicara com a tomada de Constantinopla pelos turcos otomanos, marco do fim da Idade Média, o que dificultava ainda mais as relações entre o mundo muçulmano e a Europa cristã.

CENÁRIOS DE PERFUMES E COBIÇA

A Índia abrigava o maior acervo aromático do planeta. Além das chamadas grandes especiarias, muitas outras espécies estavam lá: mais pimentas, os cardamomos, o gergelim, a alcarávia, o *ajowán*, a asa-fétida, a cúrcuma. Em suas hortas vicejavam a alfavaca e as folhas de *curry*, ou *curry-patá*,[2] como a chamam os indianos, e a cebola. Nos pomares luxuriantes, laranjas, limões, jacas, figos, jambos, *litchis*, bananas, tamarindos, mangas.

Havia ainda os canaviais, que produziam um açúcar apreciado na Europa desde os tempos de Alexandre, o Grande (nada barato, evidentemente, consumido em pequenas porções até o século XVI, quando passou a ser mais difundido). No início da Idade Moderna, chegou a ser parte do dote de princesas e nobres. Os coqueirais[3] vicejavam, generosos, por todo o litoral, oferecendo à culinária regional a polpa, a água e o azeite da fruta.

Ao porto de Calicute chegavam os produtos das ilhas indonésias – o cravo, a noz-moscada, o gengibre e, sua prima, galanga.[4] Da China vinham o anis-estrelado, a canela cássia[5] (irmã da canela comum), o jasmim, a cebolinha-verde. Os chineses alinhavavam, nos seus juncos, a ligação entre as ilhas e o porto de Málaca, na Malásia, que funcionava como entreposto de mercadorias, e, deste, a Calicute, baldeando as espécies que eram então negociadas com árabes e indianos. Zanzando de lá para cá pelos mares orientais, distribuíam o louro-limão[6] da Tailândia e o capim-limão do Ceilão – ingredientes indispensáveis à culinária tailandesa hoje muito apreciada na gastronomia ocidental. A melhor canela do mundo estava aí, aos pés da Índia, e, para enriquecer ainda mais esse cenário de

CEBOLINHA

Há botânicos que a apontam como nativa também da Europa, embora apenas no século XVI tenha florido e perfumado os seus jardins de ervas. Também surgiram espécies na América do Norte. Carrega a mágica de seus irmãos: poderes de afastar um grande espectro de malignidades, de cobras a maus-olhados.
A cebolinha dos chineses é verde-acinzentada e achatada, a *ciboulette* dos franceses, mais fininha.

COZINHA
Melhor fresca que seca, picada no final do cozimento.
Par perfeito da salsinha no nosso cheiro-verde.
É uma das *fines herbes* dos franceses, com o cerefólio, o estragão e a salsinha.
Tempera omeletes, molhos, legumes, peixes, queijos brancos, sopas; o *sauce tartar*, inspirado nos condimentos picantes dos tártaros e mongóis; nos pratos da cozinha chinesa.

USOS
Molho tártaro:
Frio, para acompanhar peixes, carnes e saladas: maionese feita com azeite, limão e gemas cozidas ou uma mistura de gemas cruas e cozidas; sal e pimenta-do-reino ou páprica; para ficar mais picante, adicionar sementes de mostarda; ao servir, arrematar com as cebolinhas picadinhas.

SAÚDE
Há poucos estudos sobre as propriedades medicinais da erva. Sabe-se que tem as mesmas do alho, porém mais fracas.
Óleos essenciais bons para a saúde.
Na medicina popular, digestiva, expectorante, diurética e anti-inflamatória; na medicina chinesa é usada para tosse, catarro, dor no peito e diarreia;
amassada, pode ser aplicada em batidas e contusões.

perfumes e delícias, o açafrão, o funcho, a água de rosas, alhos, mentas e sementes da erva-doce, vindos do Mediterrâneo e da Pérsia circulavam nos postos indianos – tudo absorvido nas cozinhas tanto do norte quanto do sul da Índia.

Com os seus vizinhos, essa terra fabulosa já tinha enriquecido muita gente, dos fenícios aos venezianos. Mas enriqueceria ainda vários outros povos, que lhes tirariam, por bem ou por mal, o que sempre fora seu, os bens que lhes foram presenteados pelas divindades, plantados na natureza. A Índia era o centro nevrálgico desse grande negócio que envolvia os chineses, no início da meada, e, na ponta final, os mediterrâneos. Na Europa renascentista, nobreza e burguesia e até mesmo o povo não mais concebiam uma comida sem os temperos exóticos. Estavam obcecados pela ideia de tê-los à mão, com mais fartura. Detonar a aliança árabe-veneziana e expandir aquele comércio interessava tanto a Florença, rica e sofisticada, quanto a Gênova. Esta já havia dividido o negócio com os venezianos, até 1380, quando fora alijada da trama pelos parceiros e tinha, portanto, todos os motivos para arquitetar a revanche. Aliando-se aos portugueses, que tinham saída para o Atlântico e pretendiam contornar a África, cruzar o Índico e aportar na costa do Malabar, banqueiros florentinos e genoveses associaram-se a D. Manuel no patrocínio da aventura.

O SONHO PORTUGUÊS

Desde 1300, Portugal, Veneza e Gênova experimentavam um poderoso desenvolvimento naval. Os portugueses tentavam avançar pela costa da África desde 1415, quando tomaram Ceuta, pequena possessão árabe próxima ao estreito de Gibraltar, marco da expansão marítima portuguesa. Chegar à terra da promissão, ao paraíso das especiarias, era, portanto, o grande sonho que, alcançado, daria início a um novo tempo, a um novo ciclo civilizatório, que envolveria etnias e culturas até então desconhecidas dos europeus.

Viagem ao fabuloso mundo das especiarias

Entretanto, a aventura não se desenrolaria num mar de rosas, muito pelo contrário. Para abarrotar os navios de especiarias e transformá-las em ouro, seria necessário vencer oceanos desconhecidos, dobrar cabos fantasmagóricos, sobreviver às doenças, aos árabes e dominar os asiáticos em seu próprio território. O preço do sonho sairia caro, é certo, mas mais caro ainda, pensavam, era o que pagavam pela pimenta-do-reino: um quintal, que correspondia a sessenta quilos, valia na Europa 35 ducados, um bom dinheiro, cerca de 120 gramas de ouro, num tempo em que o metal valia muito mais do que vale hoje.[7] Quem primeiro chegasse ao paraíso e conseguisse se firmar nos postos-chaves asiáticos viveria tempos de fausto, de independência econômica, de prosperidade. A segunda especiaria mais cara, o cravo, "a mais cheirosa e pungente", como diziam os portugueses, na moeda corrente de Portugal poderia ser comprada, nas Molucas, a trinta cruzados o peso, quando, num droguista de Londres, atingia quinze mil.[8] Os navios comportavam cerca de quinhentos quintais, ou seja, tirando custos e perdas, o lucro previsto era imenso.

Não é difícil imaginar quantos enriqueciam nesse compra e repassa. As espécies eram embarcadas e desembarcadas, aqui e ali, trocadas de dono, vendidas e revendidas, e nem sempre chegavam ao seu destino, às vezes saqueadas nas trilhas, outras desaparecidas nos naufrágios. No longo trajeto, eram frequentemente falsificadas: misturavam-se grãozinhos à toa com sementes nobres, as de mamão à pimenta-do-reino, por exemplo, como até hoje se faz. Certas espécies, como o gengibre, eram envoltas numa camada de barro como proteção contra pragas e bichos dos porões dos navios, o que lhes adulterava o peso.

A mercadoria passava por muitas mãos:

> "[...] dos juncos chinos aos navios árabes, destes às caravanas que iam a pé, atravessando as planícies da Mesopotâmia e os areais da Síria, depois para as embarcações mediterrâneas que navegavam por conta dos ricos mercadores de Veneza, da Casa Comercial dos

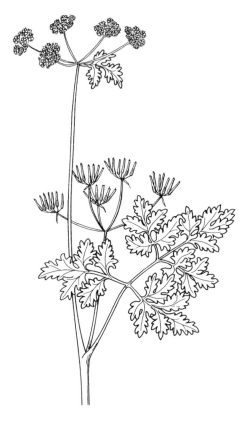

CEREFÓLIO

Anthriscus cerefolium (Umbelífera)
Chervil (ing.) · *cerfeuil* (fr.) · *perifolio* (esp.)
SUL DA RÚSSIA E ÁSIA CENTRAL

Irmã aristocrática da salsinha, com folhas mais miúdas, rendadas e perfumadas.

NATUREZA
Morna, doce, levemente picante, bastante aromática.

É chamada a salsa dos *gourmets*, chique, fina e ladina, difícil de encontrar nos mercados brasileiros, onde pode ser chamada de minissalsa. Seu nome latino surgiu de *cheiri y phyllum*, folha que alegra o coração. Bonito, não?

Bardi, de Florença, ou do poderoso negociante francês Jacques Coeur",

relata o médico judeu-português Garcia de Orta,[9] em seu livro *Colóquios dos simples e drogas e coisas medicinais da Índia*, de 1563, que traz preciosas informações sobre a origem e o trânsito das especiarias, registradas durante os anos em que viveu na Índia e organizou, em Goa, um jardim de aclimatação.

Depois de sucessivas tentativas dos portugueses de contornar o continente africano, Vasco da Gama dobrou o cabo da Boa Esperança, descoberto por Bartolomeu Dias em 1489 e, seguindo as rotas árabes de navegação, desembarcou em Calicute em 1498. Na volta a Portugal, a carga dos navios lotados de produtos auferiu 6.000% de lucro aos patrocinadores da expedição. A cobiça aumentou, os ânimos redobraram. Em seguida, Cabral repetiu o feito, depois de dar com os costados em viçosas terras ao sul daquelas pisadas por Colombo oito anos antes. Como seu antecessor, voltou festejado: as três caravelas que lhes restaram, das treze com que zarpara do Tejo, estavam abarrotadas de pimenta, gengibre, noz-moscada, cravo, canela, açafrão, essências, sedas e pedras preciosas.

Muito mais que isso: a ele coubera tornar o reino de Portugal ainda maior com a descoberta daquelas terras de belas matas e baías, habitado por gente nua enfeitada de penas, cujos bens, sequer imaginados naquele momento, fariam Portugal mais rico e poderoso em outros períodos de sua história. A viagem lhe custara, além dos barcos, mil homens, em naufrágios e combates com asiáticos. Mas, naquele instante, a Coroa só tinha olhos para a Índia, e a descoberta de Cabral foi ignorada. Num cenário insano de intrigas e ganância, o descobridor do Brasil sofreu com o descaso, recusou-se a voltar a Calicute em 1502 – como subcomandante da frota que, justamente sob as ordens de Gama, acabaria com o poder comercial árabe nos postos orientais –, brigou com o rei e se tornou *persona non grata* na Corte.[10]

ESPECIARIAS COM GOSTO DE SANGUE

Quando desembarcaram em Calicute, na tão sonhada terra das riquezas, os lusos tiveram, então, a maior surpresa: mais especiarias brotavam do chão abaixo da Índia e no sudeste do Pacífico, no fundo dos mares orientais. Seguiram em frente.

CEREFÓLIO

Alegra também o paladar e "as vistas", como diria um bom capiau, bonitinha que é. Os espanhóis o chamam, ainda, mirra – os perfumes são parecidos.
Chegou à Europa com os romanos, que andaram por todo canto levando de lá para cá tudo o que encontraram; conferiram à erva poder purificador e calmante.
Rezam as lendas que Moisés untava os vasos do Tabernáculo – o santuário de seu deus Jeová – com o óleo da erva.

COZINHA
Os franceses amam o cerefólio, presente nos seus buquês frescos ou desidratados.
É mais frágil e perfumado que a salsa e há uma variedade com leve toque de anis.
Seu principal emprego é picadinho e jogado fresco sobre os pratos prontos, frios ou quentes; não resiste a cozimentos longos; melhor fresco que seco, nas batatas, saladas, maioneses, molhos, sopas, omeletes, carnes, peixes, queijos; dá toque final no arroz.
Um de seus usos mais famosos é na sopa holandesa de batatas, criada no século XVIII.

USOS
Os franceses o utilizam também seco, nas *fines herbes* que perfumam cozinhas do mundo todo; no Brasil, onde ervas de climas temperados perderam qualidade, a secá-lo, é melhor congelá-lo fresco e picado, em saquinhos plásticos.

SAÚDE
Potente antioxidante, protege contra os radicais livres.
A medicina popular lhe confere os mesmos poderes da salsa: diurético, bom para os rins e purificador do sangue.

Atravessando o golfo de Bengala e passando pelo estreito de Málaca, chegaram às ilhas da Indonésia: Molucas, Banda, Sumatra, Java, Célèbes e Timor. Nas primeiras, arquipélago de pontinhos minúsculos no mapa, estavam as moscadeiras e os craveiros. As caneleiras recobriam as matas de Java e de Sumatra, os pés de pimenta-do-reino frutificavam também em Timor. Acabou-se o que era doce para árabes e chineses, que andavam com seus barcos por ali, desde sempre, costurando aquele troca-troca de mercadorias, nos portos de Málaca e Java. Os europeus, finalmente, haviam chegado ao pote de ouro onde nascia o arco-íris, naqueles cantos floridos de hibiscos, entre a Tailândia, a Malásia e a Indonésia. Esse era, com certeza, o paraíso perdido, a terra de mil cheiros, do capim-limão enchendo o ar, dos cravos forrando o chão, das florestas de canela jamais sonhadas por eles.

Os portugueses chegaram a Málaca em 1508, portanto, ao entreposto vital entre as ilhas produtoras e o mercado indiano. Em 1511, aí se firmaram, passando a controlar o comércio local, colocando de cabeça para baixo o que há séculos fora organizado informalmente pelos nativos, chineses e árabes. No sistema original, naquelas ilhas não se usava dinheiro na aquisição de produtos; tudo era na base da troca: tecidos da Índia por metais de Java, alhos mediterrâneos por gengibres chineses, cravos por pimentas, especiarias por munições. Os chineses mexiam-se bem por aqueles mares. Nos seus barcos compridos chegavam a Ormuz,[11] no golfo Pérsico, e a Calicute, onde fizeram uma fortaleza, a fortaleza dos "chins", ou "China cota",[12] como a chamaram os portugueses, que se tornaria um entreposto luso em 1536, quando Martim Afonso de Souza expulsou dali os chineses. As cinco ilhas Molucas – Tidore, Ternate, Moutel, Maquien e Bacham – se tornariam objeto de longa pendenga entre Espanha e Portugal. As duas maiores potências europeias da época haviam dividido o mundo em dois, pelo Tratado de Tordesilhas, e cada qual insistia em que as ilhas ficavam na sua metade. De início, elas eram chamadas pelos portugueses de "maluco", corruptela de *djazin-al-mulúk*, ilhas dos reis, como as tinham batizado os árabes, pois, no sistema nativo, cada uma delas tinha o seu rei.

Viagem ao fabuloso mundo das especiarias

O capítulo da chegada dos portugueses àqueles mares foi mais sofrido e sangrento do que o que nos foi contado nas aulas de história. Em alguns dos 1.102 versos dos dez cantos de *Os lusíadas*, o poeta Luís de Camões,[13] que acompanhou uma das campanhas à Índia, descreveu as maravilhas do Oriente, mas chorou o sangue derramado na corrida às riquezas.

> A que novos desastres determinas
> De levar estes Reinos e esta gente?
> Que perigos, que mortes lhe destinas,
> Debaixo d'algum nome preminente?
> Que promessas de reinos e de minas
> D'Ouro, que lhe farás tão facilmente?
> Que famas lhe prometerás? Que histórias?
> Que triunfos? Que palmas? Que vitórias?
>
> (Canto IV)

No Canto X, a beleza das Molucas, cenário de seu lamento:

> Olha cá pelos mares do Oriente
> Às infinitas ilhas espalhadas:
> Vê Tidori e Ternate, co'o fervente
> Cume, que lança as flamas ondeadas.
> As árvores verás do cravo ardente,
> co'o sangue Portuguez inda compradas.

Houve quem lamentasse, como Orta, também o sangue de indonésios, hindus e árabes mortos nessa louca saga. Além dos confrontos diretos com esses povos, no litoral, os portugueses armavam emboscadas nas trilhas do interior para evitar a evasão de especiarias, matando os mercadores nativos que, em lombo de bois, levavam, por exemplo, a pimenta-do-reino para os povoados.[14]

O fascínio de Camões por aquele mundo exótico foi registrado em outros versos de seu épico:

> E se buscando vás mercadorias
> Que produze o aurífero Levante,
> Canela, cravo, ardente especiaria
> Ou droga salutífera e prestante;
> Ou se queres luzente pedraria,
> O rubi fino, o rígido diamante,
> Daqui levarás tudo tão sobejo
> Com que faças o fim a teu desejo
>   (Canto II)

No Canto IX fala das cobiçadas especiarias das Molucas:

> Leva pimenta ardente, que comprara:
> A seca flor de Banda não ficou;
> A noz e o negro cravo, que faz clara
> A nova ilha Maluco, co'a canela
> Com que Ceilão é rica, ilustre e bela

Em 1521 os portugueses deixaram o paraíso: os espanhóis provaram que as Molucas lhes pertenciam. Os pioneiros saíram das ilhas, mas não da

COENTRO

Coriandrum sativum (Umbelífera)
Coriander (ing.) · coriendre (fr.) · cilantro (esp.)
MEDITERRÂNEO

Folhas rendadas que lembram as da salsa, frutinhos miúdos, esféricos, a que chamamos sementes.

NATUREZA
Morna, picante e doce.

Seu nome latino explica o amor e o ódio que nutrem por ele: *coriandrum* vem do grego *koris*, percevejo; *sativum*, cheiro, portanto, cheiro de percevejo.

Ásia. A essa altura eram donos das florestas de canela do Ceilão. Em 1529, recuperariam as Molucas. Seus rivais haviam descoberto coisa melhor na América do Sul, metais preciosos nos reinos de astecas e incas. Assim, venderam a posse das ilhas a D. João III, filho e sucessor de D. Manuel, por 350 mil ducados, o equivalente a 1.200kg de ouro. O poderio comercial luso, naquela parte do mundo, chegou, então, ao auge. Entre 1500 e 1595 Portugal explorou com exclusividade o comércio entre Ásia e Europa. A partir daí, já sob o domínio espanhol,[15] foi perdendo força no mar, as frotas desmanteladas pelos piratas ingleses e os postos asiáticos tomados pelos espanhóis.[16]

Depois de portugueses e espanhóis, chegaram holandeses, franceses e ingleses, nas rotas das riquezas orientais, cada qual disputando, a ferro e fogo, um naco de terra. As Molucas seriam ocupadas pelos holandeses a partir de 1605. Estes, três anos antes, haviam criado a Companhia Holandesa das Índias, associação de comerciantes ricos que bancavam frotas, gente e armas para a guerra das especiarias, na qual foram muito bem-sucedidos: varreram dali os ibéricos, tomando aos portugueses, mais tarde, também o Ceilão. Pintaram e bordaram

COENTRO

De origem exata impossível de ser definida, é condimento antiquíssimo, de egípcios e gregos, africanos e povos do Oriente Médio, indianos e chineses.
Citado no papiro de Ebers, em obras gregas, sânscritas e tibetanas, na Bíblia, plantado nos Jardins da Babilônia.
As sementinhas, que acompanharam os egípcios em suas tumbas, guardam o segredo da imortalidade.
Na tradição indiana, beber a água onde ficaram de molho limpa culpas antigas.

COZINHA
É chamado também de salsa-chinesa.
As folhas são usadas nas comidas do mar, saladas, molhos com limão e iogurtes.
Na cozinha baiana, até mesmo no feijão.
As sementes têm sabor mais suave e foram essenciais na conservação dos alimentos, com o cominho e o vinagre.
Amassadas, temperam aves, peixes, feijões, lentilhas, legumes como chuchu, couve-flor e cenoura, salsicharia, vinagres, licores, *chutneys*, pães de especiarias, molhos de salada, sorvetes e doces.
Em pó, ingrediente nobre das misturas indianas.

USOS
Pesto de coentro:
Para pincelar sobre filés grossos de peixes antes de assá-los embrulhados em papel laminado: folhas e talos frescos batidos no liquidificador com azeite de oliva e um pouco de vinho branco. Passar na peneira, temperar com sal, pimenta-do-reino e limão – de preferência o siciliano.
A receita vale com salsa e cebolinha ou com salsa e rúcula.

SAÚDE
Propriedades analgésicas e antiespasmódicas.
Uso excelente para cólicas e ação antidiarreica – ajuda quem tem intestino solto.
Herbalistas da Idade Média o recomendavam, misturado ao mel, para vermes; na medicina popular, digestivo, para refrescar o estômago; para fígado e gases.
No passado e no presente, considerado afrodisíaco.

pelo Sudeste Asiático, comandando o comércio e as plantações de forma nunca vista anteriormente.[17] Enquanto os portugueses haviam cuidado apenas da comercialização dos produtos, deixando o cultivo e a colheita a cargo dos nativos, os holandeses se meteram em tudo. Arrancaram plantas, destruíram safras inteiras para ajustar preços, arrasaram com os craveiros das Molucas para cultivá-los apenas em Amboina, ilha próxima ao Timor, e, assim, controlar melhor a produção. Uma crueldade sem tamanho, ainda mais que os molucanos tinham por hábito pisar na ponta dos pés ao passar sob craveiros prestes a florir, para não perturbá-los.

Muito mais fizeram os holandeses: pagaram pensões aos hindus para que não cultivassem cravo nem moscada em suas terras. Em 1620, em Amsterdã, queimaram montanhas de especiarias apenas para manter os preços altos na Europa.[18] Crimes perversos que integraram o leque de atrocidades cometidas pelos europeus contra as populações nativas. Nessa guerra pelo controle do mercado de especiarias, elas foram tingidas de sangue.

A bem-sucedida aventura dos holandeses inspirou a criação da Companhia Francesa das Índias Orientais, que, na segunda metade do século, criou uma sede comercial em Pondichéry, no golfo de Bengala. De posse das mudas, os franceses criariam inacreditáveis jardins flutuantes para aclimatação de espécies, em ilhas perdidas entre a África e a Ásia, nas ilhas Maurício, por exemplo, próximas a Madagascar, ou nas Guianas. Em 1757, entraram em cena os ingleses, com a sua Companhia das Índias Orientais, formada por uma centena de comerciantes. Construíram um forte em Calcutá e, aos poucos, foram assumindo o controle de várias regiões, só deixando o país com sua independência em 1947.

Quantas vidas giraram em torno das especiarias, quantos impérios se transformaram ao longo das aventuras ultramarinas, quanto se fez para ter todas aquelas preciosidades. Não é à toa que indianos creditam a algumas poderes extraordinários – são as especiarias da transformação, das quais falamos no início do capítulo, capazes de modificar a vida de quem as usa ou invoca. Tanto esforço, tanta luta e, no final das contas, segundo Oliveira Martins, em *História de Portugal*, a pimenta-do-reino foi um mau negócio para Portugal, à época, apesar de seu valor comercial, tal a montanha de gastos com construção e manutenção de fortalezas e navios, pagamento dos soldos e armamentos, perdas humanas e de mercadorias nos naufrágios, saques e combates. Entretanto, a partir destes acontecimentos, a misteriosa Índia baixou os véus, revelou suas faces aos povos ocidentais, sua esplêndida e multifacetada cultura, suas crenças e a riqueza de sua culinária. Se o Oriente Médio é o coração do mundo das especiarias, a Índia é a alma, sem dúvida. Para sua gente, os aromas são quase que uma experiência espiritual, linguagens cifradas, íntimas, de comunicação com os deuses.

🌿 AS SAGRADAS MISTURAS DA ÍNDIA

Florestas tropicais, desertos e a neve eterna do Himalaia. O subcontinente indiano é uma imensa colcha de retalhos de situações geográficas e ecológicas. O clima predominante é quente, regido pelas monções: no verão, chuvas constantes e pesadas; no inverno, secas. Nas regiões úmidas, mais ao sul, estão as florestas exuberantes, com seus coqueiros e palmeiras, grandes árvores de frutas, culturas de trigo e arroz e, naturalmente, as especiarias. Além dos contrastes naturais, a Índia fascina pela incrível diversidade cultural, para a qual contribuíram os estrangeiros que chegaram em diferentes épocas, de todos os cantos, levando suas crenças e suas plantas: gregos e romanos, mongóis, persas, judeus, sírios e árabes, europeus. Essa multiplicidade se reflete na cozinha de tantos sabores. Resumi-la a pratos coloridos de *curry* é amesquinhar um precioso cenário de condimentos e modos de preparo sem igual na culinária. Embora ganhe características próprias em cada região, em todas predominam os combinados de especiarias, os buquês perfumados de temperos, quase

COMINHO

Cuminum cyminum (Umbelífera)
Cumin (ing.) · cumin de malte, anis âcre (fr.) · comino (esp.)
ÁFRICA E ORIENTE MÉDIO

As sementinhas são semelhantes às da erva-doce,
porém mais escuras.

NATUREZA

Morna; sabor forte, picante, ligeiramente amargo.

Como o coentro, adorado ou rechaçado. Essencial aos
povos antigos na conservação dos alimentos, como
condimento, remédio e ingrediente mágico.
Na tradição indiana, sementes de *kalo jiro*, o cominho-
preto, postas nas roupas do marido, o impedem de sair
por aí se engraçando com a primeira sirigaita.
Nos rituais mágicos, ainda praticados, o uso do óleo
essencial traz a sonhada fidelidade amorosa, selando
a harmonia e a paz na casa – que assim seja!

COZINHA

Na Idade Média, temperou um dos grandes pratos da
aristocracia, o pavão.
Indianos e africanos – alquimistas dos sabores –, turcos e
persas sempre o usaram; mais tarde, também os latino-
americanos, para aromatizar ervilhas, lentilhas e feijões,
vinhas-d'alhos, carnes (também porco e cordeiro), pães,
picles, repolhos, queijos, molhos de tomate, cogumelos.
E, claro, o cuscuz africano, os *curries*, o *chile* com carne
dos mexicanos.

USOS

Conheça a família:
São vários os tipos, além do cominho comum: o preto,
o tal *black cumin* ou *Royal cumin*, confundido com a
nigela, que pertence a outra família; a alcarávia, mais
compridinha e clara; o cominho holandês, mais
a docicado; e o *ajowán*, que os indianos adoram.
Não se preocupe, os mediterrâneos também se
atrapalham.

sempre em pó: as inacreditáveis *garam-masalas*, as
misturas quentes, às quais chamamos, simplesmente,
curry, corruptela inglesa do termo indiano *tarkari*,
que significa legumes picantes.

Na Índia, para alguém ser considerado bom cozinheiro, é necessário que seja, antes de tudo, um
inspirado *malsachi*, um misturador de especiarias,
o que é compreensível numa terra em que até um
simples chá é arte de sutilezas: seu *masala chai*, por
exemplo, é mistura delicada de ervas e especiarias.
Até os incensos, indispensáveis nos cultos religiosos,
rituais de limpeza e meditação, são *masalas* maravilhosas que misturam essências de madeiras
como o sândalo, de flores como jasmins e rosas, de
ervas como o alecrim e o manjericão, de matos
cheirosos como o patchuli e o capim-limão.
Nenhum outro povo do planeta soube, como esse,
misturar cheiros e sabores da natureza com tanta
exuberância e harmonia.

O sabor das *masalas* varia, sutilmente, de acordo
com os ingredientes e as proporções empregadas.
Cada alimento pede uma mistura, e há sempre um
toque pessoal no preparo, a cargo dos recriadores
anônimos dessa fórmula criada lá atrás, a perder de

vista na poeira dos tempos. Assim como fenícios e árabes que guardavam segredo de suas rotas pelo mundo, as famílias zelam por suas *masalas* desenvolvidas a partir de quantidades indecifráveis de cravos, canela, cominhos, feno-grego, louro, pimentas, alho, coentro, gengibre, cardamomo, cúrcuma, tomilho, cebola, moscada e *mace*, a delicada pele que reveste a noz. Os ingredientes são usados geralmente secos e em pó, num casamento de sabores no qual nenhum se sobressai – essa, a grande arte do *malsachi* –, embora o aroma adocicado das sementes do feno-grego dê à composição o perfume dominante do *curry*, relegando a segundo plano o de cardamomos, canelas e cravos. Em 1889 houve uma tentativa oficial de padronizar as misturas para facilitar sua comercialização, mas, ao contrário do que aconteceu com a pasta de mostarda de Dijon, não se chegou a um consenso sobre a fórmula ideal da *masala*, e a ideia foi abandonada. Hoje, como sempre, cada qual faz a sua, mais ou menos picante, mais ou menos amarela ou vermelha, sempre bastante aromática.

Uma combinação clássica de especiarias secas e inteiras é a *panch phoran* da costa de Bengala: cominho, mostarda-negra, nigela, feno-grego e

COMINHO

Sementes de coentro e cominho, juntas e amassadas, dão sabor especial ao feijão e, segundo os preceitos da dieta chinesa, aquecem a leguminosa, de natureza fria.

SAÚDE
Foi indicado pelos herbalistas para "destruir os ventos no estômago".
Qualidades poderosas de estimular a digestão e prevenir gases. Botsaris adverte para o uso por pessoas com gastrite, pois pode aumentar a secreção ácida do estômago.
Ajuda a reduzir a glicose e as gorduras no sangue; antisséptico, usado em chá nos casos de diarreia aguda.
Na medicina popular, digestivo e refrescante, também mastigado após a refeição; tônico do coração e energizante; na medicina chinesa, indicado para resfriados.

sementes de funcho, mistura adicionada ao óleo na hora de cozinhar o alimento. As *masalas* podem ganhar fórmulas úmidas, pastosas e até líquidas, com uma associação de ingredientes frescos e secos, e o emprego de água de rosas, de tamarindo,[19] água ou leite de coco e do *ghee*,[20] a manteiga clarificada, a gordura mais apreciada da culinária indiana.

No acervo de temperos preferidos da Índia, a *mace*, ou *macis*, é tão valiosa quanto as pequenas sementes do cardamomo verde e os pistilos do açafrão, formando com eles um trio de especiarias caro em qualquer lugar do mundo. Era considerada, como a moscada, preciosa "para o cérebro, enfermidade de mãe e para os nervos",[21] excelente para doenças mentais, como apontou a antiquíssima medicina tibetana. Os rizomas secos e amarelos da cúrcuma, a *halud* querida dos hindus, prima do gengibre – o açafrão-da-terra plenamente adaptado ao Brasil –, produzem aquele sedoso pó dourado que gruda nos dedos e dá o tom das *masalas*. Os cardamomos, de aroma adocicado e sabor delicado e levemente picante, surpreendente aos paladares ocidentais, são sementes miudinhas acondicionadas em pequenas favas ou cápsulas de cascas verdes ou negras.

Os verdes são os preferidos, entram em muitas misturas asiáticas e podem ser comprados mundo afora em saquinhos ou a varejo, à base de quarenta dólares o quilo. Comprá-los acondicionados pode ser decepcionante: ganhei alguns pacotinhos adquiridos num mercado árabe de Paris e os cem gramas indicados na embalagem não passavam de cinquenta, o que muito me aborreceu, pois o cardamomo era dos melhores – no mundo das especiarias, que ainda passam de mão em mão, o velho expediente de falsificá-las e adulterar peso é tradição mantida com grande eficiência. Os cardamomos negros e maiores, que cheiram a uma mistura de cânfora com defumados, embora mais caros, têm uso restrito, basicamente nos pratos com carneiros.

Viagem ao fabuloso mundo das especiarias

Juntar especiarias não é apenas uma forma de criar sabores inusitados: traduz a crença indiana nos valores terapêuticos de espécies há milênios incorporada por sua medicina. Assim, ao mesmo tempo que conferem sabor ao alimento, cuidam da saúde de quem as consome. O alho e a cúrcuma, por exemplo, agregam à comida poderes antissépticos. A asa-fétida, cujo nome não é nada sedutor em se tratando de tempero e do lado de cá do mundo, é mais requisitada nos preparados homeopáticos e fitoterápicos. Na Índia tem empregos que nem sequer imaginamos, como contou Orta:

> "[...] a coisa mais usada em toda a Índia, por toda parte, é esta asa-fétida, para mezinhas e para cozinha. Se são ricos, comem muyto della. E os gentios que podem alcançar a compraria, a comprão para deitar nos comeres. Deitam nas hortaliças, como adubo [tempero] e salsa [molho]."

O médico conta, em seu livro, que conheceu "um homem muito honrado e discreto que a comia para bem fazer apetite de comer". E continua: "Tem um certo amargor apetitoso, como o da azeitona, antes de engolir. Depois, diz que a pessoa fica muito contente." Gostei bastante deste final: ficar "muito contente" só por mastigar uma sementinha é a receita mais simples que já vi de bom humor. O gengibre tem poder desintoxicante e o de abrir os pulmões, usos que incorporamos; o cravo é anti-inflamatório e tônico dos rins; a canela aquece o corpo, o cardamomo ajuda na dor de cabeça. "As negras o mastigam para tirar o mau cheiro da boca, desinflamar e limpar a cabeça", escreveu Orta. Temperos e mezinhas, portanto, sempre andaram juntos – Deus os fez assim, atrelados, e os indianos assim os mantiveram.

INFALÍVEIS PICANTES

Não há *masala* que não transpareça sabores agridoces e picantes. A Índia ama as pimentas, assim como o Sudeste Asiático, o que explica o sucesso das nossas espécies por lá. As *chilis* vermelhinhas da América dividem o reinado culinário com as espécies nativas e com a grande família das piperáceas regionais, entre as quais estão as pimentas-longas,[22] da Indonésia que, secas, parecem uns bastõezinhos de casca dura, preta e crespa. Outra figurinha importante da família é a que chamam *khanvchim panam*, a betel,[23] no Ocidente, mascada com o cardamomo, como afrodisíaco. Sem falar nas pimentas de Java,[24] entre elas a prestigiada *cubeb*,[25] cubeba ou *quabeb*, como foi batizada pelos mouros, que a usavam no vinho. Os indianos a casam, por exemplo, com as sementes da erva-doce. Na ilha, essa pimenta cinza-escura, pouco maior que a do-reino, era usada para combater a "frialdade do estômago", como registrou Orta. Os chineses a levaram para casa, por isso foi chamada também *cubachini*, apreciada também por turcos e sírios – e não é que foi introduzida no Brasil? Mas, assim como veio, na maior discrição, sumiu; pouca gente a viu.

A pimenta-do-reino, rainha de todas as especiarias, a verdadeira pimenta, o frutinho picante que virou a cabeça dos europeus, ainda hoje o mais prestigiado da culinária internacional, é usada em toda a Índia, litoral e interior, sul e norte, nos pratos muçulmanos, hindus, de judeus e europeus que lá se fixaram – estes, depois de a terem conhecido muitos séculos antes de se lançarem à costa do Malabar. A *Piper nigrum* brotou com fartura nessa região, do cabo de Camorim ao Canano, dali expandida pelo interior e levada para a China, ilhas de Java e mundo mediterrâneo. Os sacerdotes brâmanes cultivavam as trepadeiras nas serras do sul e vendiam as pimentinhas no interior ou nos postos do Malabar, onde se concentrava o comércio. Consumidas frescas (verdes, encontradas no Brasil em conserva) ou secas;

Viagem ao fabuloso mundo das especiarias

com casca (as negras) ou descascadas (as brancas), inteiras, amassadas ou transformadas em pó, as bolinhas maravilhosas bailaram pelos continentes, seduzindo todos os que um dia as morderam, conferindo surpresas e perfumes ao mais desenxabido caldo, ao mais modesto prato.

A culinária indiana soube, como nenhuma outra, aliar picantes e doces, não apenas nos *curries*, também nos *chutneys*,[26] por exemplo, que acompanham as receitas salgadas: são conservas feitas de frutas, como mangas e abacaxis, ou de legumes, tudo cozido com vinagre e temperado com especiarias fortes – gengibre, cardamomo, cravo, limão, alho e mostarda. Para essas pastas também não há fórmulas exatas, cada cozinheiro dispõe de licença poética para reinventá-las a seu gosto. Assim como as misturas indianas em pó, os *chutneys* ganharam o mundo. Chegaram, evidentemente, às cozinhas inglesas, acompanhando carnes, aves e peixes, mas também às brasileiras, onde as frutas oferecem mil opções.

Entre as incontáveis riquezas que a Índia deu à culinária da Inglaterra está o agridoce *Worcestershire sauce*, nome da região natal de um inglês, ilustre desconhecido, que conseguiu, não se sabe onde nem quando, uma antiga receita indiana de molho escuro feito com vinagre, melaço de cana, açúcar, sal, cebola, alho, tamarindo, cravo, extrato de carne e peixe. Um dos temperos mais populares do mundo, usado até sobre ovos estrelados, o molho inglês, como ficou conhecido, passou a ser fabricado em 1838 pela Lea & Perrins londrina, que ainda hoje o produz, embora sob a concorrência feroz de fabricantes internacionais, inclusive no Brasil, onde a marca original pode ser encontrada nos supermercados. A contribuição indiana, portanto, com *curries*, *chutneys* e este molho foi fundamental para dar cor à modesta culinária inglesa.

CRAVO

Syzygium aromaticum (Myrtácea)
Clove (ing.) · clou de girofle (fr.) · clavo (esp.)
ILHAS MOLUCAS, NA INDONÉSIA

NATUREZA
Quente, fortemente aromático, acre, picante,
adstringente.

As árvores têm alma, como muitos povos já acreditavam.
Algumas se tornaram sagradas: os carvalhos celtas,
as figueiras romanas, os loureiros mediterrâneos,
as *gingobilobas* dos chineses, os craveiros das Molucas.
No arquipélago do Pacífico, quando estes florescem são
tratados como mulheres grávidas: não se pode fazer
barulho à sua volta, nem passar perto com luz ou fogo
durante a noite ou aproximar-se com a cabeça coberta:
à sua presença, todos devem se portar com reverência.
As precauções são tomadas para que não se assustem
e deixem cair os frutos antes do tempo – como num
parto prematuro.
O cravo-da-índia é flor da delicadeza e com a canela
perfumou Gabriela, na Bahia.

COZINHA
Indispensável, desde sempre, às culturas dos mares
orientais.
Inteiro ou em pó, está na composição dos *curries* e
chutneys.
Nas vinhas-d'alhos, assados e caldeiradas de carne,
presuntos e peixes, doces, compotas, mingaus, frutas
assadas e chás.
É minha especiaria de todo santo dia, dando um sabor
maravilhoso a tudo o que toca – leite, cremes, chás ou a
boca, mordiscado. Usei-o também para afastar formigas
na pia, mas elas se apaixonaram por ele e legiões
chegaram, de todo canto, para lambiscá-lo.

FOLHAS, ÓLEOS E MOLHOS

Na cozinha indiana não faltam as folhas frescas ou secas do louro, da alfavaca, do *curry*, do coentro, do capim-limão e da hortelã. As mentas, que se ramificaram pelo mundo, são aí muito estimadas, também um tipo de hortelã-pimenta[27] vietnamita, a *laksa*, rasteira como a hortelã, mas com gosto de coentro. A alfavaca, que chamamos manjericão-de-folha-grande, é a única erva da família manjericão que vai para as panelas: seca, pode entrar nas *masalas*; fresca, nos legumes, carnes e molhos com iogurte. O cheiroso manjericão é usado apenas para espantar maus espíritos. As sementinhas, entretanto, são aproveitadas num refresco de verão, como contou-me Guilda Antão, indiana radicada no Rio de Janeiro, dona do restaurante Natraj. As folhas frescas do *curry* temperam arroz, sopas, assados e legumes e, curiosamente, têm o perfume típico dos *curries*, mas não entram na mistura. Os capins cheirosos se espalham da Índia oriental ao Ceilão e ao Pacífico Sul: além do capim-limão, o capim-gengibre,[28] com aroma lembrando o da raiz.

Viagem ao fabuloso mundo das especiarias

Os óleos empregados no preparo dos alimentos indianos, azeites de coco, mostarda, gergelim e *colza*, são os preferidos depois do *ghee* e, por sua vez, conferem a eles sabores característicos.

Não é fácil compreender a requintada alquimia aromática dessa cozinha, com um mundaréu de plantas nativas e aculturadas e as diversas linhas de alimentação atreladas a costumes e tabus dos povos que aí se estabeleceram. A mesa cotidiana é sempre variada e colorida: arroz, o principal cereal; milho, trigo, cevada, painço; queijos frescos de coalho e iogurtes de búfala, cabra e vaca; tomates, beringelas, couves-flores, verduras, batatas, lentilhas; ovos, frutas secas e frescas. Os mongóis muçulmanos, que ficaram ao norte, introduziram as carnes de cordeiro, cabra e galinha. Comem carne de vaca, embora não sejam aficionados, e rejeitam carne de porco, que consideram impura. Trouxeram da Pérsia, que integrou seu império por quase duzentos anos, até 1405, preparos sofisticados de arroz com açafrão, por exemplo.

Para os hindus, a vaca é uma espécie de mãe generosa que lhes dá leite, queijo, coalhada e iogurte.

CRAVO

Usos
Curry:
Todos podem fazer o seu, cada qual a seu gosto, equilibrando os ingredientes reduzidos a pó, batidos, secos, no liquidificador: cravos e canelas, sementes de coentro, cominho, erva-doce, cardamomo e mostarda; cúrcuma, pimenta-do-reino, malagueta e gengibre. Acondicionar em vidrinhos e usar nos legumes, ensopados de carnes, peixes e frangos, e presentear os amigos.

Saúde
Uso corrente na odontologia, como antisséptico, em preparados para bochechos; propriedades analgésicas, usado para dor de dente; antiespasmódico, aliviando cólicas digestivas, gases e diarreia; bactericida, fungicida, parasiticida, antimicótico.
O chá é bom para soluços.
Na medicina chinesa, aquece rins, joelhos e região lombar.
É uma das Seis Coisas Boas da medicina tibetana, atua no nervo vital.

Não vai para a panela jamais. O bicho sagrado passeia, à vontade, por pastos e ruas e se, por acaso, resolve entrar em alguma casa ou num estabelecimento, é retirado com toda a cerimônia, sem ser molestado. Brâmanes não comem cebola nem alho. Os judeus que se estabeleceram principalmente nas regiões costeiras do Malabar e do golfo de Bengala preservaram suas tradições de não usar carne e leite na mesma refeição, e algumas comunidades nem consomem carne de vaca em respeito aos costumes hindus. Em compensação, a cozinha judaica-indiana absorveu todas as especiarias, das *chilis* às sementes de coentro, dos cardamomos ao leite de coco.

O denominador comum às cozinhas de todas as Índias é essa profusão de molhos, de condimentos frescos ou secos, de misturas surpreendentes, úmidas ou em pó, temperando todos os alimentos. Folhas frescas de coentro, azeite, sementes de mostarda e asa-fétida, por exemplo, fazem um dos molhos mais populares para acompanhar pratos salgados. Outro é um agridoce de cebolas cruas, cortadas em rodelas finas, suco de limão e páprica picante. Vinagre de vinho e de arroz, água de rosas, leite, óleo e água de coco e, ainda, os iogurtes são a base de vários outros molhos, pastas e marinados.

A maior parte das receitas de consistência cremosa é feita com iogurte, tanto no norte quanto no sul. Ele é a base para os molhos que acompanham pratos de carne, geralmente misturado ao pepino picadinho, às folhas de hortelã, grãos de cominho e pimenta-do-reino moídos. *Kormas* são receitas do norte, carnes cozidas em molhos de iogurte, com frutas frescas ou secas e especiarias. A cozinha *tandoori* é típica desta região. No *tandoor*, forno de barro que atinge altas temperaturas, são assadas as carnes e a famosa galinha com especiarias e iogurte, que fica crocante por fora e úmida por dentro. Até refrescos são feitos de iogurte batido com água de rosas ou de açafrão, grãos, folhas de hortelã e açúcar.

Na Índia portuguesa, comer carne de vaca nunca foi pecado, muito menos se temperada nas substanciosas vinhas-d'alhos. A cozinha das colônias lusas misturou modos mediterrâneos aos condimentos regionais e às pimentas do Brasil, das quais os colonizadores foram os principais embaixadores, levando-as para a Índia e para todo canto, por onde fizeram seus pratos e hortas. Um dos pratos da cozinha de Goa é o arroz *pulau*, para acompanhar carnes e peixes:

> "Leva-se ao lume um tacho com o azeite, ou óleo, com os (4) cravos-da-índia e os (3) cardamomos picados a fritar cerca de dois minutos. Retiram-se os cravinhos, junta-se o arroz (250g) e deixa-se fritar uns minutos para alourar levemente. Adiciona-se a água a ferver misturada com o (uma colher de café do pó) açafrão e temperada de sal. Tapa-se o tacho e deixa-se cozer em lume médio cerca de quinze minutos ou pouco menos. Convém verificar."[29]

Acrescente-se, ora se convém! E não te esqueças da pimenta, ó pá!

EXUBERÂNCIA E REVERÊNCIA

Na baía de Bengala, descendo em direção ao sul, em todo o litoral, começa a prevalecer a agricultura sobre os rebanhos e a alimentação torna-se mais vegetariana, embora os pescados façam parte do cardápio, abundantes que são. A principal diferença entre a comida do norte e a do sul, segundo a historiadora e arqueóloga carioca Fernanda de Camargo-Moro, em seu *Arqueologias culinárias da Índia*, "está no grau de exuberância dos pratos, nas formas de usar os temperos. A cozinha setentrional emprega-os quase sempre secos e tostados, inteiros ou moídos na hora, em misturas simples, pouco picantes". No sul e em todo o litoral reina a extravagância, o mundaréu de condimentos secos e moídos, também frescos, em misturas untuosas, à base de leite de coco e água de frutas. São desta região os pratos com lentilhas e feijões temperados com alho e gengibre.

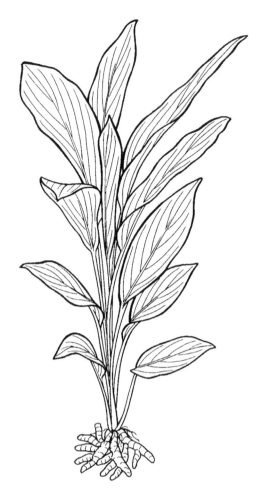

CÚRCUMA

(açafrão-da-terra, cúrcuma longa, açafrão-da-índia, falso-açafrão, açafrão-do-amazonas, açafrão-de-raiz)
Curcuma longa (Zingiberácea)
Turmeric (ing.) · curcuma (fr.) · cúrcuma (esp.)
ÍNDIA E SUDESTE DA ÁSIA

Rizoma suculento e retorcido, como seu irmão gengibre, de carne amarelo forte, folhas verdes vistosas, flores amareladas, em cachos.

NATUREZA
Quente, sabor acre, amadeirado, um pouco amargo.

O arroz, aí, é cultura muito antiga, portanto preparado de diversas formas, sempre com especiarias, como o arroz doce perfumado com laranja, cardamomo e pedacinhos de canela. Os bolinhos preparados no vapor são acompanhados por *chutneys* de todas as frutas e perfumes, mais ou menos picantes, mais ou menos verdes (com ervas frescas), mais ou menos consistentes. São milhares de receitas sedutoras com o arroz, com o *basmati*, fino e compridinho, por exemplo, considerado o melhor do mundo. O que indianos fazem com este alimento tão frugal e básico também na nossa cultura nos faz pensar na forma quase simplória como o preparamos no Brasil, com alho ou cebola, os mais criativos com uma folhinha de louro ou de alfavaca. Cada qual com suas maneiras e heranças, decerto, mas espiar os pratos indianos é tão estimulante quanto aprender um novo idioma, viajar a um lugar lindo e desconhecido, fazer um novo amigo – estimula a imaginação, alegra os sentidos, atiça o desejo de subverter o cotidiano, a rotina, o sempre a mesma coisa.

Além da mais requintada alquimia aromática, a Índia ensina que o alimento deve ser tratado com grande delicadeza e cuidado, que temperá-lo é uma arte a ser exercida com prazer e que saboreá-lo deve

Viagem ao fabuloso mundo das especiarias

ser um ritual reverente. As diversas correntes religiosas ligadas ao hinduísmo, expandido no Ocidente através das comunidades iogues (os *ashrans*), plantadas em algumas das grandes cidades, ao mesmo tempo que divulgam os ideais da alimentação natural e artesanal, lembram a seus seguidores que o alimento é sagrado, um presente de Deus, e deve ser comido com respeito e gratidão, sem desperdício.

NOTAS

1. Referências ao livro *A senhora das especiarias*, de Chitra Divakaruni.
2. *Helichrysum angustifolium*.
3. *Cocos nucifera*, da família das palmáceas, trazido ao Brasil pelos portugueses, em 1553.
4. *Languas galanga*, da família das zinziberáceas, sudeste da Ásia; picante como o gengibre, embora seco não se pareça com ele; é mais usado em pó, nas misturas para peixes.
5. Canela-da-china, *Cinnamomum aromaticum, C. cassia*.
6. Limão ou lima kaffir, *Citrus x hystrix*, cujas folhas semelhantes às do louro são indispensáveis às comidas tailandesas.
7. Um quintal de pau-brasil valia 2,5 ducados ou 8,75 gramas de ouro. Eduardo Bueno, *Náufragos, traficantes e degredados*.
8. Garcia de Orta, em *Colóquios dos simples e drogas medicinais da Índia*.
9. Orta, médico, 1490-1568, professor em Lisboa e físico do rei D. João III. A Inquisição, que não conseguiu pegá-lo em vida, em 1580 deu-se o trabalho de exumar-lhe os ossos e queimá-los publicamente, jogando as cinzas no rio. Seu livro foi editado em Goa, traduzido para o latim, italiano e francês e, em 1913, para o inglês. A segunda edição portuguesa, de 1891, foi comentada pelo conde de Ficalho, Francisco Manoel de Melo Breyner (1837-1903), botânico e historiador, autor de *Plantas úteis da África brasileira* (1884), *Viagens de Pero de Covilhã* e *Garcia de Orta e seu tempo* (1886).

CÚRCUMA

Também é chamada gengibre-dourado, talvez sua melhor sinonímia. Foi usada como corante, levada para a Europa pelos árabes, que a batizaram e são seus maiores apreciadores, depois dos indianos.
Tornou-se uma opção mais barata para o açafrão verdadeiro, também no Brasil, onde se adaptou muito bem. Usada seca e em pó, perfumou as lendas indianas: "Sou a cúrcuma que saiu do oceano de leite, quando os devas e os asuras agitavam o líquido para extrair os tesouros do universo; sou a cúrcuma que veio depois do néctar e antes do veneno e, portanto, está entre os dois."*
A especiaria desfaz os nós, libera as emoções represadas.

COZINHA
Para colorir e acrescentar sabor, usado com parcimônia: no arroz, legumes, sopas, carnes e peixes; um refogado simples de abobrinha, por exemplo, ganha encanto com uma ponta de colher de cúrcuma.
Ingrediente essencial aos *curries* indianos.

USOS
O pó da cúrcuma deve ser guardado em local fresco, seco e escuro.
Para o arroz de "açafrão", adicione 1/4 de colher de chá do pó ao cozimento de uma xícara de arroz.
Combina com folhas de coentro, salsa, cebolinha, hortelã e manjericão.

SAÚDE
A curcumina, o corante amarelo, tem grandes propriedades: anti-inflamatória, antioxidante, protetora do fígado, antirreumática, redutora do colesterol; tem demonstrado capacidade de prevenir vários tipos de câncer.
Botsaris a recomenda na alimentação diária de pessoas com história de doença na família. Uma colher de chá misturada ao mel e lambida devagar, boa para dor de garganta (Chopra). Na medicina popular oriental, usada também como diurético e para combater catarro.
Afrodisíaco.

* *A senhora das especiarias*.

Rosa Nepomuceno

10 Pedro Calmon, *História do Brasil*, vol. I.

11. Ormuz tornou-se colônia portuguesa de 1515 a 1622 e fazia parte da rota comercial que chegava a Constantinopla.

12. Origem do nome Cochin.

13. Luís Vaz de Camões (1524 ou 25 –1580) viveu na corte de Lisboa e engajou-se na expedição de Ceuta, voltando sem um olho. Em 1553, embarcou para a Índia. Foi "provedor-mor dos defuntos e ausentes" na China portuguesa e de lá seguiu para Goa. O navio naufragou e ele conseguiu salvar-se e aos originais de *Os lusíadas*. Em 1569 voltou à corte e foi modestamente recompensado pelo épico que se tornaria o mais célebre da língua portuguesa.

14. Orta.

15. O domínio espanhol sobre Portugal foi de 1580 a 1640.

16. Portugal manteve, até o século XX, Goa, Damão e Dil, na Índia, Kuang-Tchéu e Macau, na China, e o Timor. As três primeiras colônias foram anexadas à Índia, em 1961.

17 . O conde de Ficalho registrou a desastrosa temporada dos holandeses nas Molucas na segunda edição do livro de Orta.

18. Fernanda de Camargo-Moro, *Arqueologias culinárias da Índia*.

19. *Tamarindus indica;* foi batizado pelos árabes, que o chamavam tâmara-da-índia.

20. O *ghee* é obtido esquentando-se a manteiga em banho-maria. O que fica transparente e boia é a gordura saturada, retirada suavemente até que a manteiga fique quase branca; usada também no sul da Europa.

21. Orta.

22. *Piper Indian Long, Piper longum*.

23. Betel ou *Batle, Piper Betel*, nativa da Índia, Ceilão e Malásia.

24. Uma delas é a *Piper retrofactu*, a *pepper javanese* dos ingleses, usada nos *curries*.

25. *Cubeba officinalis*.

26. *Chutney*, corruptela inglesa para *chatni*, picante.

27. Provavelmente hibridação da *Mentha spicata*.

28. *Cymbopogon martinii;* outras espécies, *C. flexuosus*, da Índia oriental; *C. nardus*, do Ceilão.

29. Receita Roteiro Gastronômico de Portugal.

O cheiro dos *curries* indianos chegou suavemente à culinária chinesa, filtrado pela barreira natural do Himalaia. A culinária do país permaneceu imune às extravagâncias do país vizinho e manteve hábitos mais discretos no uso das espécies aromáticas. Aprecia, é certo, alhos e cebolas, aipo, funcho, anis-estrelado, cravo e canela, cebolinhas-verdes, salsas e coentros, pimentões, limões, gergelim, gengibre e cúrcuma – tudo empregado com parcimônia. Adoram os picantes, sempre presentes, sem exageros. Pasta de soja fermentada (o missô dos japoneses), molho de ostras, óleo de gergelim, vinagre de vinho de arroz e os molhos agridoces, à base de soja e açúcar, criam os sabores básicos de seus pratos. As pimentas não faltam: as *chilis*, as indianas, as espécies nativas. Uma pequena baga picante, fresca e doce, que chamam *sichuan* ou *chinese pepper*,[1] é usada inteira e geralmente tostada. A mistura *five spice powder* é feita com a *sichuan*, anis-estrelado, sementes de funcho, cravo e canela, e tempera carnes, aves e peixes.

5. Temperos do Pacífico

São os mesmos usos do molho *hoisin*, pastoso, picante e adocicado, à base de soja, trigo, açúcar, água e especiarias como alho, anis-estrelado e pimentas.

A cozinha chinesa usa a canela-do-ceilão e também a espécie nativa, de aroma mais suave, a canela cássia, ou canela-da-china, como é conhecida. Do acervo de temperos próprios, a cebolinha-verde é a rainha das ervas. Embora algumas fontes a deem como europeia, descoberta depois na América do Norte, nenhuma outra cultura a usou tão bem e de forma tão marcante. Raízes e sementes de lótus[2] e os jasmins perfumam arroz e sopas. O estragão não faz parte de suas ervas preferidas, mesmo brotando ali nas vizinhanças, Mongólia e sul da Rússia. Os *curries* indianos, industrializados ou caseiros, são encontrados e usados, sem tanto entusiasmo, no sul e sudeste do país.

Viagem ao fabuloso mundo das especiarias

As diversas cozinhas regionais usam muitos vegetais, brotos de feijão e de bambu, algas, couves e acelgas, cenouras, cogumelos, brócolis, vagens, tomates, batatas, pepinos. Nesse país de 1 bilhão e 460 milhões de habitantes come-se, na verdade, muito mais: tudo o que estiver à mão, de flores a cobras, ovos, peixes e frutos do mar, carnes de porco, cordeiro, galinha e pato, sopas, arroz e macarrão. A medicina chinesa referenda essa cultura da alimentação sem barreiras apontando propriedades e funções para o mais humilde capim. Alguns tipos de cobras fazem parte do cardápio trivial, causando estranheza aos estrangeiros, mortas na hora, à frente do freguês. No outro extremo, a iguaria mais sofisticada é o ninho de andorinha, equivalente à trufa no Ocidente, que custa bem caro nos restaurantes especializados. Os ninhos são pescados de forma rudimentar e extremamente perigosa nas cavernas dos penhascos sobre os mares indonésios, onde as aves põem os ovos.

AMARGOS E DOCES CHINESES

O maior consumo de carnes é ao norte, o de peixes, ao sul – cozidos, fritos, refogados ou grelhados. Imagina-se que os talharins inventados pelos chineses tenham sido levados à Itália por Marco Polo. A despeito de os italianos terem desenvolvido uma exuberante culinária de *pastas*, não os superaram no consumo da massa finíssima feita de arroz ou trigo, servida de muitas maneiras e a qualquer hora, do café da manhã ao jantar, no dia a dia ou nas festas de casamento, misturada aos legumes e às carnes, nadando nas sopas de *wonton*, com aquelas trouxinhas recheadas de verdura e carne de porco. A cultura popular transformou o macarrão, que chamam *soba*, em símbolo da longevidade.[3]

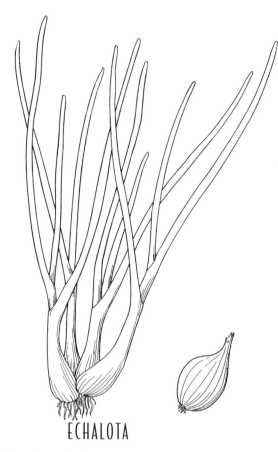

ECHALOTA
(chalota-das-coisinhas)
Allium ascalonicum (Liliácea)
Shallot (ing.) · *échalote, chalote* (fr.) · *chalota, escaluña* (esp.)
REGIÃO DA PALESTINA

Da família da cebola e do alho, parece-se com a primeira, mas produz vários bulbos, menores, em cachos, presos a uma única haste; flores de cor lilás.

NATUREZA
Morna; sabor forte e picante, acre e adocicado.

Chalota-das-coisinhas, não é bonitinho?
A plantinha também é ornamental e, segundo Plínio, o naturalista romano, seu nome de família vem de Ascalom, cidade à beira do Mediterrâneo oriental, na antiga Palestina.

A cozinha que melhor ilustra a diversidade alimentar da China é a cantonesa, a sudeste, a mais conhecida no Ocidente. Dela, os chineses do norte dizem que "do que voa, só não comem avião, do que nada, navio, do que está na terra, o trem", contou-me minha amiga Joselena Bezerra, arquiteta de bom garfo e bom humor, que experimentou de cobras a gafanhotos por lá, gostou de tudo e voltou muito risonha e satisfeita. Em Cantão, região subtropical, com fartura de arroz, verduras e frutas e costa rica em pescados, lagostas e ostras, a cozinha ganhou o reforço de frangos e patos e da carne de porco. Um dos pratos regionais é o robalo cozido no vapor, em cestinha de bambu, temperado com óleo de gergelim, cebolas em rodelas, cebolinhas-verdes e gengibre. Os mexilhões à moda de Cantão são cozidos por alguns segundos e refogados na panela *wok* com cebolinha, alho, raiz-forte,[4] molho de soja e açúcar. No litoral, as sopas de peixes e frutos do mar, em que entram também pedaços de peito de frango e porco, são temperadas com *shoyu*, aipo, cheiros-verdes, pimentão, pimentas-do-reino e a pimenta *sichuan*.

A comida de Pequim é típica do norte, moldada pelas condições climáticas e geográficas ingratas e pela presença dos mongóis muçulmanos. Mais árida, com inverno rigoroso e tórrido verão, faixas de terras arenosas e tempestades de areia que vêm do deserto de Gobi, fronteira com a Mongólia, essa região tem menos verduras e arroz – em compensação, mais soja e trigo. Nos pratos são mais frequentes pepinos, repolhos brancos e batatas do que folhas; mais macarrão, bolinhos e pães feitos de trigo do que de arroz. Dos muçulmanos, a cozinha agregou os assados e cozidos de cordeiros. Há receitas muito interessantes, como uma espécie de *fondue* de carne de cordeiro, que é cortada em fatias finíssimas, levadas uma a uma à panela de água fervendo, rapidamente cozidas e temperadas, no prato, com cebolinhas e coentro picados e rodelas de alho-poró.[5] Nesse caldo é cozido o macarrão.

O prato mais famoso é o Pato de Pequim, o *Pei Ching Kao Ya*, pedaços da ave cozidos com aipo e caramelados com mel, temperados com cebolinhas, salsas, *hoisin*, molho de soja e suco de laranja.

Da China é nativa uma das especiarias mais valorizadas no Ocidente desde o século XVII, não propriamente para condimentar pratos, mas talvez para aquecer as almas e agregar pessoas. As folhas verdes e durinhas da camélia[6] deram origem ao chá. Pois é, o chá é uma especiaria, e a China criou uma magnífica cultura em torno dela, de cerca de cinco

ECHALOTA

O cultivo na Europa apareceu na Idade Média e há referências de que tenha sido cultivada nos famosos jardins de Carlos Magno, no século IX. Muito antes disso, vinte séculos antes de Cristo, foi documentada no Egito, nas pinturas dos sarcófagos. Portanto, conhecida e apreciada por vários povos, inclusive os abissínios – mais tarde seria chamada de *cipolleta abissínia* pelos colonos italianos que foram para a atual Etiópia, na década de 1940, após Mussolini tê-la invadido.

COZINHA
De sabor mais suave que o da cebola, é bastante apreciada na cozinha do Oriente Médio, na francesa e na portuguesa, nas suas variedades: a alongada e cinza, preferida dos *gourmets*, e a arredondada e avermelhada.
É encontrada *in natura* ou em conserva – no Brasil, raramente, apenas em potes – e tempera como a cebola, embora interferindo menos no sabor dos alimentos, por esta razão escolhida para condimentar molhos delicados à base de manteiga, para ostras ou *escargots*.
As folhas também são aproveitadas, especialmente nas saladas.

USOS
Molho *Beurre blanc*, para acompanhar peixes e frutos do mar: manteiga sem sal, vinho branco, echalota picadinha.

O clássico, para acompanhar *escargots* ou peixes: manteiga sem sal perfumada com echalota e salsinha picada.

SAÚDE
Não há estudos específicos sobre suas propriedades, mas sabe-se que possui óleos essenciais com propriedades antissépticas e antifúngicas.
Na alimentação, pode ajudar a reduzir as gorduras do sangue.
Na medicina popular, vermífuga e diurética.

mil anos, desde que, em 2750 a.C., como contam as lendas, o imperador Shen Nung experimentou uma taça de água fervida aromatizada acidentalmente com folhas caídas do arbusto sob o qual descansava. Em 800 a.C., a bebida foi introduzida no Japão. No século XVII, na Europa, através da Inglaterra, quando Catarina de Bragança[7] casou-se com o rei inglês Carlos II, em 1662, e levou para a corte, além do dote – que incluía, por contrato, os postos comerciais de Tanger, Bombaim, Ceilão e oitocentas mil libras de ouro –, um baú repleto de folhas de camélia para o chá que passou a servir aos amigos. A Inglaterra criou rituais para a bebida, o célebre chá das cinco, do final da tarde.

O comércio da especiaria cresceu e esta passou a ser um dos itens mais negociados entre chineses e europeus, trocada, por exemplo, por folhas de sálvia com os ingleses e hoje exportada em grande escala para o mundo todo. Cultivando a camélia em diferentes regiões e processando as folhas segundo diversas técnicas, os chineses obtiveram alguns tipos de chás: o verde, de sabor suave, que pode ganhar, na xícara, o reforço aromático de um cravo ou de um pedacinho de canela; o *oonlong*, avermelhado, um pouco mais forte, e finalmente o preto, tradicional, forte. Se este último é o mais exportado, o verde é o preferido dos chineses. No século XIX, a planta foi encontrada nas florestas da Índia que, a partir de então, passou a cultivá-la e exportá-la, o que fez deste país um grande competidor da China no mercado internacional.

Aos poucos a produção do chá foi se sofisticando e, no processo de secagem, as folhas passaram a ser aromatizadas com flores de pessegueiro, de jasmim ou com casca de laranja. Ceilão, Formosa e Java também criaram variedades e as exportam. Na China, produzem-se, ainda, chás de pétalas de rosas e das folhas e florezinhas do jasmim estrelado – arbusto que é capaz de perfumar vários quilômetros à sua volta, trazendo bons sonhos e bons augúrios. Como as culturas do Pacífico, que adotaram as flores nos pratos de arroz e peixes, elas perfumam também as infusões, os jardins e os arranjos florais.

Viagem ao fabuloso mundo das especiarias

CHEIROS INEBRIANTES DOS MARES DO SUL

Na ponta sul do globo, onde se juntam as águas do Pacífico e do Índico, formaram-se as dezessete mil ilhas mais perfumadas do planeta, algumas verdadeiros pomares de especiarias a flutuar entre estreitos e os mares de Java, da China, Célèbes, Filipinas, Molucas, Banda, das Flores e do Timor. Ilhas da fantasia de aventureiros do passado e do presente, onde as touceiras de capim têm cheiro de limão, o capim-limão de tantas variedades. Alfavacas, manjericões, pimentas, galangas e gengibres, cravos, canelas e moscadas surgiram do nada, aqui e ali, viçosos, enlouquecendo os estrangeiros. O louro ganhou, na Ásia tropical, mais cheiros e formas por mistérios que talvez só Daphne, a ninfa transformada na árvore, poderia explicar: louro-limão de pequenas folhas com o aroma picante da fruta, o roxo ou santo, que tem gosto de cravo-da-índia, o de folhas dentadas, com perfume adocicado, lembrando o do anis.

E as frutas? Só mesmo o Brasil para concorrer com suas delícias: mangas, bananas, cocos, litchis, tamarindos, limões de várias espécies e sabores, frutas-pão. As cozinhas desses lugares têm em comum não apenas o cenário de cheiros adocicados, florais, cítricos e picantes e as receitas de peixe mais exuberantes do mundo, mas também a influência dos muçulmanos árabes e hindus e, em alguns lugares, dos chineses que andaram por aí por muito tempo.

Emprega tudo o que tem de berço: também o limão *kalamansi*,[8] não tão ácido, que verde é usado para tempero, amarelo para refresco, e uma tal frutinha que põe em muitos pratos, a *belinbling*,[9] que um comerciante estimado no Jardim Botânico, o senhor Gilbert Joseph, inglês criado nas Filipinas e naturalizado brasileiro, frisa e refrisa que não posso deixar de fora. "Não se esqueça da *blinblin*", diz ele. Verde, ovalada, lembrando um jiló, extremamente ácida, é usada apenas para tempero, em pequenos pedaços, jamais comida crua. A herança dos

109

ERVA-DOCE

(anis-verdadeiro, anis-verde)
Pimpinella anisum (Umbelífera)
Anise (ing.) · anise, anis vert (fr.) · anis (esp.)
GRÉCIA E EGITO

Arbusto de caule e ramos finos, folhas rendadas, flores em umbelas, brancas, frutinhos a que chamamos sementes, estriados, cinzas.

NATUREZA
Morna, picante, dulcíssima, aromática.

É especiaria incrivelmente digestiva, que digere também as tristezas e os sapos que a gente tem de engolir.
Sempre foi valiosa: esteve nos Jardins Suspensos da Babilônia, nos dos príncipes persas e nos de Carlos Magno, o rei amante das ervas.
Com as sementes Jesus mandou o povo da Judeia pagar suas dívidas. Os romanos as mastigavam após as refeições e as punham nas taças de vinho.
No Egito as folhas perfumavam as roupas e as camas para um bom sono.
Na Idade Média as sementes foram amuletos contra maus sonhos, mau-olhado e mau humor, poder que conservaram, com absoluta certeza.

COZINHA
Sementes de múltiplos usos: nos salgados e nos doces, nos pães de ervas de tantas culturas, tortas e bolos – ai, o de fubá... –, compotas de frutas, licores, como o anisette ou o Pernod (que podem ser usados na cozinha), queijos, *cassoulets* e pratos de carne, associadas a ervas mais amargas, como o tomilho ou o orégano.
Nos molhos de tomate, quebrando a acidez; nos peixes e frutos do mar, nas saladas de folhas com frutas secas, nozes e castanhas picadas, por exemplo;
nos chás e nas sopas de legumes.

USOS
Bouquet garni de condimentos secos (3-5g) acondicionados em saquinhos de pano branco, amarrados na ponta, usados em cozidos, sopas ou caldos: pequenas porções de alecrim, manjerona e tomilho, pedaço de louro e grãos de erva-doce e de pimenta-do-reino.

viajantes está incorporada à cozinha: alhos, cebolas, coentros, salsas, tomates, pimentões, cominhos, moscadas, cúrcumas, pimentas da América, da Índia, da África, louros, folhas de *curry*.

As ilhas têm abundância de verduras, peixes de rio e de mar, mariscos e flores magníficas, para comer, temperar, fazer chás, perfumar o ar, enfeitar as casas e fazer a gente sonhar, estampadas naqueles cartões-postais que atraem turistas do mundo inteiro. Só mesmo num cenário paradisíaco, onde hibiscos e jasmins florescem o ano todo e os louros têm gosto de cravo, de anis ou de limão, surgiria a maior flor do mundo,[10] com três metros de altura, descoberta na Sumatra.

A cozinha da Tailândia, país que se espicha da China para os Mares do Sul, traduz toda a luxúria condimentar da Ásia tropical: os alhos, as *chilis*, o manjericão, a alfavaca, o coentro, o tamarindo, o gengibre e a galanga, as frutas frescas e secas, o amendoim, os pratos de peixes e frutos do mar e de arroz. *Nam prik* é o nome de uma série de molhos feitos à base de peixe seco, pimentas, alho, tamarindo e outros condimentos que variam de uma região para outra, usados principalmente para regar os pratos do mar. O *nam pla* é outro molho condimentado à base de peixe seco, assim como o *nuoc nam* vietnamita, sem sal, nos quais entram especiarias a gosto do cozinheiro. Este tipo de mistura remete ao *garum* dos gregos, a inacreditável miscelânea de condimentos adicionados ao pó de vísceras de peixe seco.

Os tailandeses tornaram famoso o seu arroz suavemente perfumado com jasmim, encontrado nos supermercados das grandes cidades brasileiras. Entre as receitas tradicionais estão a de arroz cozido em leite de coco, para acompanhar peixes e frutos do mar – lembra a Bahia? – preparados no vapor com capim-limão – lembra a China. As sopas são apimentadas com *chilis* e com uma pasta feita de pimenta vermelha fresca e amassada, umedecida com óleo de coco, comum à culinária de toda a vizinhança. Molhos simples de pimentas, de soja e os *curries* em pastas não faltam aos pratos: estes podem ser feitos com a popular pimenta dedo-de-moça, da América tropical, que se tornou um sucesso na culinária tailandesa, indonésia e vietnamita, ou com outras pimentas regionais. As pastas podem ser vermelhas ou verdes – estes, *curries* mais fortes, feitos com pimentas verdes. O *satay* é um molho doce e levemente picante, substancioso, versátil, feito com leite de coco, *curry*, amendoim e açúcar.

ERVA-DOCE

SAÚDE
Aumenta a secreção salivar e a digestiva, relaxa a musculatura intestinal e pode estimular receptores do estrogênio. É usada para boca seca, gases e cólicas intestinais e menstruais.
Ação digestiva, calmante, anti-hipertensiva, antisséptica, diurética, aperitiva, refrescante, expectorante, vermífuga. Boa para insônia.
Na medicina chinesa, aquece os rins.
Na medicina popular, nos chás calmantes e para mulheres que amamentam, para aumentar o leite e ajudar a reduzir as cólicas dos bebês.

Os métodos chineses de cozimento no vapor são adotados também na Malásia e na Indonésia, assim como a mistura de cinco especiarias e o *hoisin*. O uso exuberante do coco nos pratos é a característica marcante das culturas do Índico e do Pacífico. Além da água, do leite e da polpa da fruta, da haste verde do coqueiro, se extrai um líquido com o qual se faz o *suká*, o vinagre mais apreciado da região. Peixes, *gambas* (espécie de lagostim), carnes de porco, aves e boi são cozidos em leite de coco. A *laksa lema* indonésia é uma caldeirada de *gambas* à base do leite, temperada com capim-limão, alho, cebolas, folhas de *curry*, própria para enfeitiçar os visitantes. Tempero usual para carnes é à base de *curries*, ervas frescas e leite de coco. Incontáveis são as variações sobre o mesmo tema, cozimentos no saboroso e untuoso leite de coco. A galanga, irmã menos famosa do gengibre, é encontrada em pó, como *laos*, nos pequenos mercados, e usada nos pratos indonésios e malaios de frutos do mar. No cardápio das ilhas, além de serem cozidos com leite de coco ou preparados no vapor, os peixes podem ser assados envoltos em folhas de bananeira, que não são comestíveis, mas lhes dão sabor e umidade.

Entre os pratos tradicionais da Malásia está o *gulai de cerdo*, porco cozido em leite de coco. Se Avicena garantiu que vermes não resistem a esta fruta, podemos imaginar que desse mal não sofre o povo dos Mares do Sul. O cozimento no vapor e certas receitas, como a dos rolinhos primavera, mostram a influência chinesa. Em 1820 milhares de operários foram da China para construir Cingapura, a capital. Ficaram, casaram-se com as nativas e seus filhos foram chamados *nonyas*, cuja comida associa modos de cozinhar típicos dos chineses ao gosto pelos picantes e cocos dos malaios.

A culinária das Filipinas também traz as marcas da convivência com os chineses, sempre por aqueles mares, da longa estada dos espanhóis nas ilhas, entre 1550 e 1890,[11] e, ao sul, dos muçulmanos indonésios. Aves, peixes, mariscos e até o porco são cozidos, claro, no leite de coco, temperados com as especiarias usuais, especialmente o gengibre, o *kalamansi*, a cúrcuma, o cravo, a canela, o anis-estrelado, o tamarindo, o pimentão, as folhas de louro, de alfavaca e as infalíveis pimentas – aqui, surpreendentemente, usadas de forma menos ardorosa. Os filipinos preferem a pimenta-do-reino às *capsicum*. Não há de faltar, certamente, a *belinbling*, nem as folhas miúdas da *calamungay*, árvore que lembra a acácia. Um dos pratos preferidos de seu Gilbert é o *lechon* com *calamungay*, leitão assado, temperado com as tais folhinhas, que o faz suspirar de saudades (fico devendo a identificação botânica da planta que tanto perfuma as lembranças do meu vizinho).

A ARTE CULINÁRIA JAPONESA

O Japão já fazia parte das rotas comerciais do século XIII, alcançado pelos navios árabes que faziam escala em Calicute, contornavam a costa leste da Índia, abasteciam na atual Bangladesh, desciam em direção à Tailândia, atravessavam o estreito de Málaca e subiam a costa da China.[12] Atracavam em Pequim ou aprumavam as velas em direção às ilhas do mar do Japão. No século XVI, comerciantes e jesuítas iberos chegavam ao arquipélago – estes no seu famoso navio negro, que enriquecia a Companhia de Jesus carregando, nos porões, os produtos levados para a Europa.[13] É bom lembrar que os monges tiraram uma boa lasquinha no comércio das especiarias e foram os responsáveis, por exemplo, pela introdução da canela no Brasil.

No século seguinte, lá desembarcaram holandeses e ingleses. Ao contrário do que aconteceu em várias regiões da Ásia, os europeus não conseguiram se estabelecer no arquipélago, tão distante e, além disto, impermeável aos modos estrangeiros. Dessa forma, o Japão permaneceu isolado até meados do século XIX, quando chegaram os americanos. Composto de mais de mil ilhas e ilhotas, clima temperado e úmido e com cerca de 27 mil quilômetros de litoral, a alimentação predominante vem das águas. Muitas espécies de peixes e frutos do mar, também tubarões e baleias, dos quais aproveitam tudo, da carne aos ossos, gorduras e barbatanas – pesca agora sob controle de entidades internacionais – e uma profusão de algas popularizadas no Ocidente pela alimentação vegetariana do final dos anos 1970: *nori*, *wakame*, *kombu*, *hiziki*, *kelpe* e a *kanten*, conhecida como ágar-ágar, que substitui o tutano de boi nas gelatinas naturais.

As culturas do arroz e da soja dividiram a estreita faixa de terra com as de aveia e trigo, legumes e árvores frutíferas. O bambu é uma das riquezas naturais das florestas, assim como os cogumelos. Do primeiro, os brotos são ingredientes tradicionais na culinária, nos pratos salgados e sopas. Da grande família de cogumelos japoneses, o *shiitake* e o *shimeji*, hoje cultivados em larga escala, são tão prestigiados na gastronomia internacional quanto os *funghi secchi* ou frescos dos europeus. A proximidade com a Coreia trouxe afinidades às duas culturas no preparo dos alimentos e uso dos temperos. A cozinha japonesa, mais sofisticada, extremamente delicada, com um acabamento estético tão cuidadoso quanto um arranjo de *ikebana*, é a mais pura tradução de uma expressão meio esquecida, arte culinária, como era escrito nas tabuletas à porta das casas brasileiras onde se aprendia a cozinhar. Essa aparência surpreendente e leve e os modos de

ESTRAGÃO

(terragón, estragão francês, dragoncito)
Artemisia dracunculus (Compostas)
Tarragon (ing.) · estragon (fr.) · estragón (esp.)
SUL DA RÚSSIA, SIBÉRIA E MONGÓLIA

Arbusto de folhinhas alternadas, bem recortadas, verdes e compridas, lembrando as do bambu japonês ou a língua de um dragãozinho.

NATUREZA
Fresca, picante, ligeiramente amarga, bastante aromática.

Os nomes populares dados pelos turcos, associando sua folha ao dragão, inspiraram as denominações latinas.

Viagem ao fabuloso mundo das especiarias

preparo dos alimentos, afinados com as tendências da alimentação atual, com cozimentos no vapor, muitos legumes e peixes foram, certamente, a razão do seu sucesso no Ocidente, marcadamente a partir dos anos 1980.

Fresca, estimulante, bonita e pouco gordurosa, conquistou espaço nos grandes centros e tornou-se cada vez mais popular. Os coloridos *sushis* e *sashimis* são atrações triviais nos bufês a quilo que proliferaram por todo canto, de Nova York a Pindamonhangaba. A influência do budismo e do taoísmo imprimiu características importantes à refeição japonesa que, segundo seus princípios, deve ter pratos preparados de cinco formas diferentes (cru, cozido na água, no vapor, grelhado e frito); cinco sabores (salgado, doce, amargo, picante e ácido) e cinco cores (negro, branco, vermelho, verde e amarelo). Isto explica o requinte no preparo e na apresentação da refeição. Cores e sabores dos alimentos estão relacionados às suas propriedades medicinais e aos órgãos do corpo em que atuam,[14] aspectos básicos da dietética chinesa, considerados pelas correntes modernas de alimentação.

Os temperos contribuem para agregar sabores e cores aos alimentos: o vinagre de arroz, o saquê, o

ESTRAGÃO

Fez sucesso na França, aclimatado ao sul, como *terragon*, tornando-se aí mais perfumado que a espécie asiática. É considerado um dos novos condimentos da gastronomia, assim como as baunilhas, as pimentas e os pimentões da América; conhecido na Europa apenas no século XIII, como estimulante do cérebro, coração e fígado, e como erva que ajuda a dormir.
Como tempero requintado, sabor de menta-anis, apenas a partir do século XVI.
No Brasil, é cultivado nos lugares frios, nem sempre encontrado nos hortomercados.

COZINHA
É uma das *fines herbes*, não resiste a longos cozimentos.
Combina com salsinha e cerefólio, é encontrada seca, mas é melhor fresca.
Deliciosa e bem picadinha, nas saladas de folhas, ovos mexidos ou omeletes, batatas assadas ou cozidas, sopas de verduras, recheios de aves e de peixes.
Nos cozidos e comidas do mar é adicionada no final.
Nos molhos à base de mostarda, vinagres e azeites balsâmicos.

USOS
Creme com estragão para batatas e abobrinhas:
Unte um pirex e disponha as rodelas de batata cozida e as de abobrinha cruas, em camadas alternadas, e faça o creme à parte: creme de leite fresco, sal, pimenta-do-reino, dois dentes de alho crus e estragão bem picadinhos; jogue a mistura sobre os legumes, polvilhe com queijo emmenthal e ponha pedacinhos de manteiga.
Leve ao forno, por vinte minutos.

SAÚDE
Pesquisas comprovam o poder bactericida e fungicida, digestivo e antioxidante.
A erva tem um componente do óleo essencial chamado estragol, que pode ser tóxico para o fígado em quantidades excessivas ou com o uso diário por muito tempo.
Botsaris aconselha usar o tempero com moderação.
Vetado às grávidas.

molho *shoyu*, as algas, o alho, o gengibre; a mostarda e o gergelim pretos; o *daikon*, espécie de nabo, a *zartaka*, que é como chamam o pó das pimentas vermelhas. Entre as ervas, reinam a cebolinha, o nirá, que é um tipo de alho, o *shiso*, conhecido como manjericão japonês por pertencer a esta família, e as folhas de crisântemo. Embora a pimenta-do-reino esteja na cozinha, as *chilis* é que são as maiorais entre os temperos picantes, juntamente com a raiz-forte e as sementes maduras da árvore do freixo[15] que, secas, são transformadas em pó, no *sansho*, que é polvilhado sobre os grelhados.

Com a raiz-forte, extraída de uma planta da Ásia Menor, conhecida em toda a Ásia e Europa desde as andanças fenícias, é feita a pastinha mais famosa dos japoneses, o *wasabi*, de gosto forte, picante, um tanto amargo e refrescante, indispensável aos peixes crus. Um tico dela faz subir instantaneamente um ardor ao nariz, desobstruindo as vias respiratórias, abrindo os pulmões e o apetite. Embora a tivessem experimentado, gregos e romanos não a incluíram entre suas especiarias preferidas, muito provavelmente pelas dificuldades em obtê-la. Conheciam, entretanto, sua reputação antiveneno para desinfetar picadas de cobras, escorpiões e aranhas. No Japão, a raiz pode ser encontrada fresca, para ser ralada na hora; em pó, para ser misturado à água no momento do uso; ou como a pastinha verde, adotada em outras cozinhas, na dos escandinavos, alemães e russos, por exemplo, temperando caldos, ensopados, salsicharias, peixes e molhos para saladas.

A principal mescla japonesa de temperos, muito ou pouco picante, ao gosto do freguês, é o *shichimi togarashi*, chamado de sete especiarias, agregando o *sansho*, as sementes pretas e brancas de gergelim, da papoula e do cânhamo, em pó, flocos de *chilis* e da alga *nori* e o toque adocicado e refrescante da casca seca de tangerina picadinha. Os temperos japoneses são sempre surpreendentes. Para acompanhar peixes crus é usado um condimento de grande poder bactericida e digestivo, o *beni shoga*, ou *gari*, conserva de gengibre fresco em vinagre

Viagem ao fabuloso mundo das especiarias

doce tingido de vermelho. *Sushis*, *sashimis* e peixes em geral ficam muito saborosos com um molho encorpado e escuro, talvez o mais apreciado da cozinha japonesa, o *teriyaki*, à base de soja, gengibre e cebola ralados, vinagre, açúcar e um caldo feito dos ossos da galinha, tudo cozido, batido e coado, como o Tanaka faz, no Rio de Janeiro. Denso, suave, picante e adocicado, não falta aos bons restaurantes e muitos preferem fazê-lo a comprá-lo pronto. Margarida, minha irmã, adiciona também uma ponta de colher de maisena para dar o ponto, mas o tal "ponto" é coisa que ela não ensina, ideal às vezes inatingível para os menos habilidosos.

Os concentrados de peixe seco são muito usados como base condimentar. O *hondashi*, por exemplo, em pó, tempera cozidos, sopas e dá sabor ao popular *misso-shiru*, aquele caldinho reconfortante à base de soja que abre as refeições. É encontrado em saquinhos impermeáveis à umidade, de fácil utilização. O caldo básico da cozinha japonesa para sopas e cozidos é o *dashi*, feito com flocos de bonito seco e alga *kombu*. A praticidade cotidiana oferece-o pronto, naqueles cubinhos comprados em supermercado, o *dashi-no-moto* – que tal? É o caldo Knorr do Japão.

🌸 O MAIS PODEROSO GINSENG

A comida coreana, menos condimentada, criou uma mistura simples, porém bem picante, o *kimchi*, uma espécie de picles de repolho misturado à *chili*, que colocam em tudo. Além de todos os condimentos orientais, gengibres, coentros, sementes de gergelim, alhos e algas e os molhos à base de soja, ela tem, talvez para inveja de muitas outras, um poderoso ingrediente natural nativo, de lendárias propriedades afrodisíacas, difícil de encontrar e,

FENO-GREGO

Trigonella phoenum-graecum (Leguminosa)
Fenugreek (ing.) · fenugrec (fr.) · alholva (esp.)
MAR DA ARÁBIA – ARÁBIA, IRÃ E ÍNDIA

Arbusto robusto que chega a um metro de altura, folhas verdes e sementes pardas que dão em vagem, em forma de meia-lua.

NATUREZA

Morna, agridoce, pungente, aromática.

O *helbeth* dos árabes, *methi* dos indianos, é um dos primeiros condimentos do homem, plantado, segundo as lendas indianas, por Shabari, a mulher mais velha do mundo.
Está no papiro de Ebers, 1550 a.C. Egípcios, portanto, e gregos o adotaram como tempero e remédio, assim como os povos do norte da África e os chineses, que o conheceram em seu constante ziguezague pelos mares orientais. Hipócrates, no século V a.C., foi apreciador de suas qualidades tônicas e digestivas, afrodisíacas e rejuvenescedoras.
As egípcias cozinhavam as sementes no leite e o passavam na pele, para amaciá-la.
Na tradição indiana, elas adoçam o corpo e o preparam para o amor.
O óleo do feno-grego é usado nos rituais de cura.

COZINHA

Levemente tostadas e moídas, liberam melhor o sabor e entram nas misturas etíopes, nos *curries* indianos, dos quais são a alma – conferindo-lhes o perfume dominante –, nos pães egípcios, nas misturas de legumes da Índia e do Oriente Médio. No Iêmen, existe um prato, *helba*, feito com sementes cozidas e transformadas em pasta, que acompanha as carnes.
Combinam com sementes de cominho e coentro, por exemplo, e temperam saladas, legumes, peixes e doces, vinagres e *chutneys*.

USOS

Algumas sementes tostadas e inteiras, no picles.
O perfume é divino!

como não poderia deixar de ser, caro: o *ginseng* vermelho, cuja raiz fresca se come crua, misturada ao mel, ou cozida no vinagre. A escritora chilena Isabel Allende, em seu livro *Afrodite*, sugere poupar a especiaria e só usá-la em ocasiões muito especiais. Na receita de sua sopa afrodisíaca entram quatro pedaços pequenos do *ginseng* e fatias de gengibre fresco, frango, abobrinhas picadas, missô, seis lagostins (cavaquinhas ou camarões) e, no final, um pouco de saquê. Deparei-me com o poderoso numa grande loja oriental de Nova York, imerso numa bela garrafa de saquê, fingindo que dormia. Eu e meu companheiro trouxemos a bebida para casa – não caberia, aqui, confidenciar as consequências.

A bem da verdade, no Brasil, não precisamos invejar os coreanos. Atuando nessa área, nossas fartas pimentas-malaguetas são 100% eficientes e dão conta do recado sozinhas, dispensando até mesmo o reforço do gengibre. Os cientistas ainda não comprovaram a propriedade afrodisíaca das frutinhas, mas quem há de duvidar da sólida cultura popular? Sem elas, provavelmente o português não teria feito tanto neném por aqui e por acolá e por todo canto onde mordeu os frutos da pimenteira. Como disse

Câmara Cascudo a respeito de nossos colonizadores: eles levaram os sabores estrangeiros para todo o mundo, emprenharam todas as mulheres, conheceram todos os alimentos. A culpada de tudo foi a pimenta, não o ginseng.

Notas

1. *Zanthoxylum piperitum*, da família da arruda, rutácea.
2. *Nelumbo nucifera;* liliácea aquática da qual se usam, para temperos e chás, a raiz, as folhas e as sementes; encontrada fresca, seca ou em conserva.
3. A lenda tem lógica: Maria Lucia Gomensoro, em *Dicionário de gastronomia*, revela que o *soba* contém rutina, que impede a oxidação da vitamina C e fortalece os vasos, e colina, que protege o fígado.
4. *Colchlearia armoracia*; *taramago* ou rábano picante, dos espanhóis, *raifort*, dos franceses, *barbaforte* ou *rafano*, dos italianos, *horseradish*, dos ingleses. Desde a Antiguidade, conhecida no sudeste da Europa e da Ásia.
5. Elizabeth L. Ortiz, *Enciclopedia de las Especies*.
6. *Cammelia sinensis* ou *Thea sinensis*, espécie do gênero *viridis*. Nos registros do Jardim Botânico do Rio de Janeiro, para onde vieram as primeiras mudas, em 1812, chegaram como *Thea viridis*.
7. Catarina de Bragança (1638-1705), filha de D. João IV e D. Luiza de Gusmão.
8. Limão *kalamansi* ou *kalamunding*, *Citrus microcarpa* ou *C. mitis*.
9. *Belinbling* ou *Bilimbi*, como o chamavam os portugueses, *Averahoa bilimbi*. Fruta aparentada com a carambola, porém diferente na aparência, provavelmente originária das Molucas e cultivada na Indonésia, Tailândia, Malásia, Filipinas, Timor.
10. *Rafflesia arnold*, descoberta em 1818 pelo biólogo Joseph Arnold e por Stanford Raflles, governador da Companhia das Índias Ocidentais e fundador de Cingapura.
11. O nome desse conjunto de sete mil ilhas, Filipinas, é uma homenagem dos espanhóis ao rei Felipe II.

FENO-GREGO

Saúde
É rico em oligoelementos e vitaminas, especialmente carotenoides comparáveis aos da vitamina A, por isso melhora pele e cabelo.
Os estudos comprovam que ajuda a baixar níveis de açúcar, colesterol e triglicerídeos no sangue.
Na medicina chinesa, abre o(s) apetite(s); indicada como afrodisíaco e no tratamento da ejaculação precoce.
Uso tradicional como tônico, para problemas digestivos e respiratórios, neurastenia, gota e artrite.
Não é aconselhado para grávidas.

Rosa Nepomuceno

12. "Atlas Histórico"/*Enciclopédia britânica*.

13. Navio negro no Japão, James Clavel, em seu romance *Shogum*.

14. Cinco sabores: doce atua no baço e no estômago; picante, no pulmão e no intestino grosso; salgado, nos rins e na bexiga; ácido, no fígado e na vesícula biliar; amargo, no coração e no intestino delgado. As cinco cores: amarelo atua no baço; verde, no fígado; preto, nos rins; branco, nos pulmões; vermelho, no coração; as chamadas cores extras: azul e violeta, atuam na mente – cérebro e espírito.

15. *Fraxinus excelsior*, grande árvore da família das oleáceas. Raiz, casca, ramos jovens e folhas são usados como febrífugo, diurético, purgativo e para reumatismo.

Se o novo continente não foi tão pródigo em espécies aromáticas importantes quanto a Ásia e a região mediterrânea, suas múltiplas condições de solo e clima revelaram plantas maravilhosas que serviram como condimentos, remédios e afrodisíacos, e se mostraram excepcionais para ambientar espécies de todos os cantos. Das singelas ervas da Europa temperada às árvores das florestas asiáticas, quase tudo o que foi fincado nesse chão brotou. O Brasil é o exemplo perfeito dessas tantas possibilidades ecológicas e de como elas foram bem exploradas pelos colonizadores e imigrantes. Devemos nossas hortas e pomares aos descobridores. A eles, também a expansão das culturas nativas. Os portugueses foram incríveis disseminadores de espécies, não somente porque as levaram de lá para cá, mas porque as cultivaram e as fizeram nascer por suas colônias e possessões. Se foram expulsos das terras que conquistaram, aí floresceram as sementes que espalharam.

6. Joias do Novo Mundo: pimentas,

As ervas perderam qualidade nesse transplante para os trópicos, mas as espécies asiáticas multiplicaram-se com exuberância, como se daqui fossem nativas. A gigantesca árvore de fruta-pão que vi, certa vez, no quintal de uma casa em Alcobaça, sul da Bahia, tão perfeita naquela paisagem, à beira-mar, produzindo seus frutos, quem poderia imaginar que ali não estivesse desde sempre? As jaqueiras da Floresta da Tijuca, no Rio de Janeiro, não é surpreendente que tenham vindo de outro lugar? Os frondosos litchis do Parque Laje, também no Rio, as mangueiras e abacateiros, limoeiros e laranjais que dão por todo canto, os coqueirais, as moscadeiras, os cajazeiros, as cúrcumas do Nordeste, os cravos da Bahia e do Maranhão, as trepadeiras de pimenta-do-reino do Pará, os cafezais que caminharam por Minas, São Paulo, Paraná e Goiás, as bananeiras que subiram encostas e rechearam vales úmidos e quentes, as caneleiras que já, no passado, subiram do litoral do Rio ao Maranhão, os

Viagem ao fabuloso mundo das especiarias

possantes loureiros que perfumam todos os pratos do país, a cana-de-açúcar, tão popular, tão farta entre nós: mudas e sementes trazidas de fora, nos porões dos navios lusos.

As ervas chegaram sem pompas, jogadas nos terrenos, crescendo como mato, garantindo às comidas da colônia um sabor familiar aos portugueses e a feitura de suas mezinhas, como eram chamados os remédios caseiros. Enquanto povoava o Brasil de especiarias e plantas alimentícias, o colonizador também semeava, diligentemente, os caboclinhos que dariam conta da trabalheira que viria à frente, de povoar e cultivar aquelas terras e delas extrair o máximo de riquezas.

A princípio, nem ouro, nem rubis na Terra de Santa Cruz, apenas homens nus enfeitados de penas, um pau-brasil[1] de segunda – o melhor, asiático, já circulava na Europa fornecendo

ORQUÍDEAS, CIPÓS E FAVAS

tinta para tecidos – e pimentas. Nem os valiosos cravos, nem as perfumadas canelas, nem os ardentes gengibres. O arsenal condimentar indígena deve ter sido, a princípio, uma grande decepção para os descobridores: pimentas, um mato de cheiro estranho, lembrando o coentro e, em algumas tribos, o sal. Entretanto, como em todas as cozinhas do mundo, também esta tinha o seu tempero composto: a rudimentar *juquitaia*, usada no litoral, mistura de pimentas secas socadas com sal, com a qual os brasis do litoral temperavam seus peixes e caças moqueados, que comiam com farinha de mandioca. Quanta diferença dos complexos *curries* indianos, da miscelânea de ervas mediterrâneas, dos suculentos molhos do Pacífico. Mas esse era um mundo novo, criança num berço esplêndido de matas e águas que logo revelaria infindáveis surpresas, minérios, madeiras e remédios, flores e frutas, raízes, caças, peixes e até especiarias, num solo fértil onde também se desenvolveriam as sementes

FUNCHO

(erva-doce-de-cabeça, feníulo, finóquio)
Foeniculum vulgare (Umbelífera)
Fennel (ing.) · *fenouil* (fr.) · *hinojo* (esp.) · *finocchio* (it.)
SUL DA EUROPA

Talos suculentos como os do aipo, folhas fininhas como as do *dill* e da erva-doce – são todos da mesma família; sementes alongadas, claras, pequenas.

NATUREZA
Morna, picante, doce, aromática.

A batalha entre gregos e persas, em Marathon, na costa grega, a 41 quilômetros de Atenas, em 480 a.C., vencida pelos primeiros, deu-se num campo de funcho, por isto a planta é conhecida na Grécia como *marathon*. É um dos perfumes típicos do sul da Itália, onde brotam os vistosos *finocchios* selvagens da espécie mais picante.

dos novos costumes e crenças brancas, amarelas e negras, acolhidas por força do destino, do qual não poderia ter escapado na era dos caçadores de riquezas.

As espécies exóticas, somadas às árvores nativas, fariam do Brasil o novo e imenso paraíso de delícias, aromas e prazeres que fascinaria os primeiros visitantes. Afinal, esta era a terra das jabuticabeiras, goiabeiras, cajueiros e pitangueiras, dos pés de fruta-do-conde, de cambucá, graviola e jenipapo, de preciosas flores e madeiras, jacarandás, ipês, sapucaias, jequitibás-rosa, de bromélias e orquídeas, cipós e matos medicinais, entre tantas plantas magníficas.

As florestas da América Central e as ilhas do Caribe, por sua vez, quantas preciosidades revelariam aos conquistadores, entre orquídeas e pimentas. Nas suas incursões pelo mar das Antilhas, Cristóvão Colombo descobriria pelo menos duas das melhores especiarias dos trópicos: uma pimenta e... uma outra pimenta. Não é exagero: elas estavam por todo canto, era só estender a mão e colhê-las – o comandante havia descoberto o verdadeiro reino das pimentas! Os tomates do Peru, os pimentões do Chile, as baunilhas do México! A América do Norte,

Viagem ao fabuloso mundo das especiarias

colonizada pelos ingleses, também contribuiria para enriquecer o mundo dos sabores, com vários tipos de hortelã e surpresas que intrigariam os europeus, como a árvore do zimbro. Por aí, nenhuma pimenta à vista, mas a picante mostarda-preta – a mesma que brotou na África e na Índia – aos montões.

O REINO DAS PIMENTAS

A obsessão de contornar o continente africano para chegar às pimentas-do-reino da Índia fez de D. Manuel, o Venturoso, o rei da pimenta, como chegou a ser chamado. Mais do que justo: além das malaguetas do golfo da Guiné, muitas espécies seriam descobertas ao longo dessa aventura. A América revelou, de imediato, um celeiro delas, levadas das Antilhas à Espanha por Colombo, na sua segunda viagem ao continente, em 1493. Cabral também se depararia, na costa brasileira, com aquele mundo de *capsicum* multicoloridas e as colheria para levá-las à mesa da nobreza lusa. Rapidamente, as pequenas notáveis se popularizaram, difundidas pelos mares. Por volta de 1514 já estavam zanzando pelas regiões mediterrâneas, pelas quentes e temperadas da Europa central, pela África, Índia e por toda a Ásia, estabele-

FUNCHO

As sementes foram consideradas sagradas e, vinte séculos antes de Cristo, usadas pelos fenícios nos rituais mágicos. Ainda hoje, nos meios esotéricos, o óleo essencial da planta carrega o poder de aumentar a capacidade psíquica.
Cresceu nos incríveis jardins da Antiguidade e as sementes tiveram grande valor econômico.

COZINHA
Talos, folhas e sementes dão sabor maravilhoso a caldos, sopas e pratos de peixes.
O talo cru, cortado fino, em saladas; as folhinhas, nas sopas e peixes.
As sementes, nos salames italianos (*finochiona*), licores, pães, biscoitos, chás, tortas doces e salgadas, maçãs assadas e cozidas, ovos mexidos, legumes, queijos, picles, molhos.
Combina com tomilhos, segurelhas e oréganos.

USOS
Molho *alla arabiatta*:
Tomates despelados, cebola e alho picados, refogados no azeite; 1 folha de louro, sementes de funcho, punhado de orégano fresco ou seco: cozinhar com um pouco d'água até que o tomate se dissolva.
No final do cozimento, adicionar a pimenta calabresa e, à hora de servir, o toque fresco das folhinhas de manjericão.

SAÚDE
Na Idade Média, prescrito pelos herbalistas para "quebrar a gota e acabar com todos os inchaços".
São apontadas propriedades analgésicas e antirreumáticas, para dores musculares e nas juntas.
Tem qualidades semelhantes às da erva-doce: diurética, aperitiva, digestiva, refrescante, expectorante, vermífuga, antisséptica, estimulante do sistema nervoso, protetora do fígado.
Botsaris frisa que seu efeito estrogênico é mais potente que o da erva-doce e pode auxiliar na menopausa.
Na medicina popular, infusão das folhas para gripe e dor de garganta e para aumentar o leite das mães.

cendo-se, soberanas, nas cozinhas. Espécies de diferentes cores, formatos e intensidade de sabor – ou pungência, como querem os botânicos – foram encorpando o acervo dessas frutinhas danadas, formosas, instigantes, atrevidas, imprescindíveis desde sempre aos nativos da América tropical e que endoideceram os estrangeiros. Além de acender o fogo de tantos quantos a experimentaram, médicos e naturalistas das cortes relataram logo suas propriedades digestivas, emprego para dor de garganta e poder de esquentar o amor – o que nunca foi demais. Em 1543, já haviam sido descritas botanicamente,[2] com seus usos.

O náufrago alemão Hans Staden, marinheiro que saiu de Cádiz para se aventurar pelo rio da Prata e acabou chegando a nado a São Vicente, no período em que viveu com os tupinambás, de 1547 a 1555, temeu virar um pitéu temperado com pimentas. Escapou da provável sina por pura sorte. Pôde, então, anotar tudo o que viu e viveu, sem se esquecer da principal receita de seus anfitriões: "Quando os índios cozinham peixe ou carne põem dentro habitualmente pimenta verde. Logo que está um tanto cozida, retiram-na do caldo e fazem dela uma papa fina que se chama mingau. Bebem-na em cabaças de que se utilizam como vasilhas."[3]

No vasto mundo das pimentas, com cerca de seiscentas a setecentas espécies espalhadas pelo planeta, as *capsicum* compõem uma família numerosa ramificada especialmente entre México, Venezuela, Peru e Brasil. Apenas aqui, acredita-se que existam pelo menos cem, as mais comuns a dedo-de-moça, a de-cheiro e a pequenina e vermelha *frutescens*, que se apoderou do nome malagueta e ganhou outras denominações na América Central – *chili*, no México, *ají*, em outros lugares da América espanhola, ou pimenta-de-caiena. Eram fartas em muitas regiões – Paraná, Rio de Janeiro, Bahia, Pernambuco, Pará, Amazonas.

A cumarim verde, pequena e ovoide, ardida que só ela, é baiana de quatro costados, assim como uma figurinha mais rara, a pimentinha-roxa. A de-cheiro, amarelinha e redonda, conhecida como olho-de-bode, é nativa do Paraná e do Pará, indispensável na culinária

Viagem ao fabuloso mundo das especiarias

baiana. Outras pimentas-de-cheiro, como a redondinha e vermelha, a que chamam cereja, são fluminenses.

A cambuci, com formato de sino, grande e vistosa, e a murupi, verde-clara, compridinha e meio enrugada, são amazônicas, pouco picantes e usadas fatiadas nos pratos de peixes. Fora de sua região são pouco expressivas. A *jalapeño*, que ganhou o nome por ser comum em Jalapa, no México, verde e comprida, mais parecendo um quiabo, às vezes chamada americana ou ralapenho, é paulista[4] – acredite, legítima, como a Rita Lee. Há muitas mais: os nomes mudam conforme a região e a inspiração de quem convive com elas, mas são todas primas, todas *capsicum*, membros da gloriosa família das solanáceas, a do belo e luzidio pimentão.[5]

As piperáceas formam outra grande família de pimentas, à qual pertence a pimenta-do-reino, *superstar* absoluta do mundo dos condimentos, ontem e hoje. São centenas de espécies espalhadas pelo mundo tropical, com nomes variando de um lugar para outro, confundindo todo mundo. A pimenta-santa[6] mexicana, cujas folhas são usadas nas sopas, é uma delas. No Brasil, a que foi chamada cravo-do-maranhão,[7] bastante aromática, descoberta também na Amazônia, e a pimenta-do-mato, ou dos índios,[8] do Ceará, Amazonas, Pará, Pernambuco, América Central e Antilhas, foram conhecidas dos portugueses, a última ainda hoje é usada regionalmente para substituir a pimenta-do-reino.

GENGIBRE

(gengibre dourado, gingibre)
Zingiber officinale (Zingiberácea)
Ginger (ing.) · *gingembre* (fr.) · *jengibre* (esp.)
REGIÕES TROPICAIS DA ÍNDIA E DA CHINA

Rizoma suculento de miolo amarelo, de folhagem comprida, lanceolada.

NATUREZA
A do gengibre fresco é morna, do seco é quente; picante, doce, muito aromática.

Das mais poderosas do mundo das especiarias, com usos também como corante, conservante de alimentos, afrodisíaco e ingrediente mágico.
Os curandeiros, médicos das florestas, o usavam como energizante e para "acender o fogo da barriga", ou seja, estimular a digestão.
Os gregos o importavam do Oriente por essas mesmas propriedades.
A China fez o primeiro registro medicinal na dinastia Han (25-220 d.C.), e popularizou seu uso também na culinária.
Nos séculos XVI e XVII, foi especiaria de rico, na Europa.
No Brasil, enraizou-se principalmente na culinária baiana.
No início do século XX, com a chegada dos imigrantes japoneses, passou a ser cultivado aqui em larga escala.

COZINHA
Tempero essencial à culinária oriental e muito valorizado no Ocidente.
O pão de gengibre, por exemplo, foi iguaria na corte de Elizabeth I.
México, Jamaica e Estados Unidos o adotaram no século XIX.
Fresco ou seco, em pó ou em lascas, tempera carnes, aves e peixes, camarões, sopas, caldos, picles e conservas, maioneses, *chutneys*, compotas, doces, geleias, frutas assadas e cozidas, licores, chás.
As folhas também são condimentares.

NÃO SÃO PIMENTAS, MAS QUEIMAM

A pimenta-rosa, pequena e pouco picante, à qual a *nouvelle cuisine* conferiu charme especial, salpicada sobre os pratos, é a baga da aroeira[9] que dá nas praias e matas do Rio, adorada por passarinhos assanhados. Já está custando caro nas feiras, só porque virou bacana. O pimentão, das Américas Central e do Sul, com suas variações de cor, formato e sabor, conquistou rapidamente as cozinhas internacionais: está nos molhos latino-americanos, nas moquecas e ensopados brasileiros, nas *ratatouilles* francesas, no arroz colorido e no frango xadrez dos chineses, nos pratos marroquinos, molhos e entradas italianos, peixes do Pacífico, preparado de mil modos, na panela ou no forno, servido cru, refogado ou tostado, acomodando recheios, fatiado ou inteiro – fruta que é legume, legume que é especiaria por vocação de seu sabor agridoce e picante.

Pimentões gostosos fazia meu amigo Eduardo Botbol, judeu-marroquino nascido na Argentina, que viveu pouco e deixou grandes lembranças, também culinárias, como a salada de pimentões vermelhos, tostados na chama do fogão, pelados e fatiados, misturados com tomates, regados com

Viagem ao fabuloso mundo das especiarias

azeite e polvilhados de orégano. Os espanhóis trataram de levar o fruto para a Europa e inventaram, com o vermelho, que secaram e transformaram em pó, o *pimentón* ou *coloral*, reincorporado, dessa forma, pela América espanhola. Este mesmo pó virou a páprica dos húngaros, que passaram a cultivar a espécie vermelha. Muito versátil, portanto, o vistoso pimentão, embora rechaçado, coitado, pelos que sofrem de má digestão. A estes, louros em profusão, aos demais, louros e pimentões, por que não? *Me adescurpa*, como diria o caipira, pelas rimas – não resisti, não.

As Antilhas revelaram uma baga marrom, redondinha e picante, com múltiplos sabores, do cravo, da canela, da noz-moscada e da pimenta-do-reino – como pode? Se você está surpreso, imagine Cristóvão Colombo, quando a descobriu. Batizou-a de pimenta-da-jamaica e levou-a para a Espanha, certo de que se tratava de um tipo mais avantajado da pimenta-da-índia, mas nem pimenta, de fato, ela era, muito menos aparentada com a poderosa. De qualquer forma, foi um grande achado. O pó da frutinha seca, hum, hum... perfumada que só ela, fez boa e merecida carreira internacional, levando seu buquê de sabores a pratos doces e salgados. As populações da América Central perfumam, com ela,

GENGIBRE

Usos
Molho escuro:
1 copo de água, 1/2 de *shoyu*, 1 colher de chá de açúcar, 1 de sobremesa de gengibre ralado; em vasilha à parte, diluir 1 colher de café de maisena em um pouco de água e reservar; pôr os ingredientes na panelinha, em fogo baixo; ao abrir fervura, adicionar a maisena e a cebolinha fresca picada: molho leve, cremoso, delicioso para saladas, peixes, *tempuras*, queijos de soja e arroz integral.

Saúde
É rico em óleos essenciais que protegem o estômago, ajudam a digestão e inibem náuseas e vômitos (uso moderado pelas grávidas), melhora o humor e previne dores de cabeça.
Fresco: sudorífico, para gripes e resfriados; o chá é expectorante; usado para intoxicações alimentares.
Na medicina chinesa, reduz efeitos colaterais de outras ervas, fortalece pulmões e rins.
Seco: tônico, antidiarreico, hipertensor (para pressão baixa).
Afrodisíaco, para fraqueza e perda da libido.

129

o chocolate. Libaneses, sírios e árabes a adotaram, moída, misturada aos seus cominhos, à canela, ao cravo e à pimenta-do-reino, criando um condimento muito cheiroso e interessante, que é chamado, no Brasil, como vimos, de pimenta síria ou tempero sírio.

A ilha da Jamaica é a grande produtora e exportadora da especiaria, que faz bonito nos grandes mercados do mundo, nos de Belém ou de São Paulo, de Paris, Istambul ou Milão, nos do Marrocos, Nigéria ou Paquistão, em qualquer lugar onde se negocie alimentos e temperos, pois, além de tudo, é barata. Com a polpa da frutinha fresca os jamaicanos fazem um licor, que dizem ser delicioso, para saudar os visitantes.

SURPRESAS DA COLÔNIA

No final do século XVI, pimentas e pimentões estavam incorporados à culinária do Velho Mundo, juntamente com outros alimentos americanos – o milho, os feijões e o cacau, com o qual os astecas faziam uma bebida amarga que consideravam afrodisíaca, o *xocoatl*. A essência de uma orquídea das florestas da América Central, a baunilha, usada pelos astecas para perfumar os alimentos e o seu chocolate, causaram imenso *frisson* entre os europeus. Talvez tenha sido este o mais nobre condimento oferecido pelo Novo Mundo. Os espanhóis a conheceram em 1571 e a levaram para a Europa. Lá, por seu perfume inebriante e adocicado, aromatizou o tabaco, também levado da América, a doçaria e os remédios. Durante um bom tempo foi uma espécie de difícil acesso: a orquídea florescia apenas nas matas mexicanas, polinizada por uma abelha da região. Somente a partir de 1836, com os sistemas de polinização artificial, seu cultivo foi ampliado. Bem, esta é a história oficial.

Muito antes disso, entretanto, a tal abelhinha deve ter escapulido para as matas amazônicas. O certo é que os portugueses aí descobriram baunilhas. Em 1677 e 1680, cartas régias incentivavam a exploração da orquídea por aqui. A existência de nossas baunilhas foi atestada

Viagem ao fabuloso mundo das especiarias

pelos desbravadores e, mais tarde, por botânicos. E olhe que não são poucas: pelo menos trinta espécies, com hábitat na Amazônia e Mata Atlântica, num universo de cem conhecidas em todo o mundo.[10] Os espanhóis foram mais eficientes na divulgação das mexicanas na Europa, mas, no Brasil colônia, as nossas chegaram a ser vendidas nas ruas às braçadas, pelos escravos. A estrangeira é mais perfumada? Algumas espécies nativas, como a *Vanilla chamissonis*, são tão aromáticas quanto ela, como garante o botânico capixaba Cláudio Nicoletti, um dos maiores especialistas em orquídeas do Brasil. "Poderia ter sido usada, aqui", diz.

Testada, seria possível introduzi-la no mercado? A essa altura, acho difícil, pois a mexicana, largamente cultivada por aqui, supre a demanda, requisitada na indústria de alimentos e remédios. Provavelmente, perdemos o bonde da história, a chance de usar as baunilhas brasileiras. A *chamissonis* florescia, linda, nas restingas de Copacabana e Lagoa, no tempo em que o Rio de Janeiro era o paraíso perdido pelo qual se apaixonavam todos os que lhe deitavam os olhos – natureza que ainda enfeitiça, embora sem as orquídeas e outras coisas que lamentamos, cotidianamente, terem desaparecido (os peixes, a calma, o Tom Jobim, a delicadeza). Vez ou outra, pesquisadores ainda as encontram nas matas. Pedro Carauta as viu no Parque Nacional da Tijuca, Nicoletti as fotografou, amarelas, esplêndidas, no Espírito Santo e na Bahia. Quem sabe teria a baunilha brasileira inspirado José de Alencar, em *Iracema*? "O favo do jati não era tão doce quanto o seu sorriso, nem a baunilha recendia no bosque como o seu hálito perfumado..."

A orientação da Coroa era não apenas a de propagar as espécies trazidas de fora, mas também descobrir, explorar, cultivar e exportar plantas aromáticas, alimentares e medicinais nativas, o que foi feito à medida que os colonizadores avançaram pelo interior, desenvolvendo povoados e missões. O governador do Maranhão, André Vidal de Negreiros,[11] em 1655, recebeu a recomendação expressa de procurar cravo e noz-moscada. Já se desconfiava que, em florestas tão parecidas com as do sul da Índia, poderiam existir especiarias. Não

GERGELIM

(gingilim)

Sesamum indicum, S. brasiliensis (Pedaliácea)
Sesame (ing.) · sésame (fr.) · sezamo (esp.)
ÁFRICA, ÍNDIA E BRASIL

Arbusto de folhas lanceoladas e flores brancas e rosadas, que produzem pequenas cápsulas em que estão as sementes claras ou negras.

NATUREZA
Neutra, doce.

As pequeninas estavam na tumba do faraó Tutankamon, no século XIV a.C., e foram citadas no papiro de Ebers, mas os primeiros registros são de 3000 a.C., na Assíria, atual Iraque.
Povos do Oriente Médio, chineses, indianos e africanos o conheceram. Os gregos, esses geniais estudiosos da natureza, punham o *sesimae* nos pães e faziam unguentos com seu óleo. Os jardins de Plínio, em Roma, tinham a planta, considerada afrodisíaca e rejuvenescedora.
Pois é, os antigos abriram todas as picadas para a ciência trilhar.
Egípcias e indianas ainda se untam com óleo de gergelim para amaciar e hidratar a pele e, assim, se manterem jovens e viçosas.

COZINHA
Levemente tostadas, as sementinhas brancas ou negras ganham gosto de amêndoas e são polvilhadas sobre pães e torradas, saladas e tortas, no arroz, legumes, carnes e caldos, bolos, biscoitos e doces, valorizadas nos pratos judaicos.
Podem ser moídas com sal, como a servem os restaurantes orientais e vegetarianos.
A pasta ou manteiga de gergelim compõe molhos à base de vinagre e óleo da sementinha, para temperar verduras, legumes, salgados e sanduíches.

se enganaram. Encontraram um tipo de cravo silvestre, de gosto e cheiro que lembravam, embora modestamente, o das Molucas: o cravo-da-terra[12] ou falso-cravo, como o chamaram, depois descoberto também em Minas Gerais.

Da moscada brasileira, nunca se ouviu falar. A canela-cravo[13] foi encontrada em grande quantidade no Tocantins,[14] em 1659. Conhecida na Amazônia e no Pará como canela-de-cheiro, dela, entretanto, não se usa a casca do galho e sim as bagas pequeninas, de sabor e perfume semelhantes aos do cravo – veja os encantos das matas brasileiras: canela que cheira a cravo.

A perfumosa causou rebuliço na corte: as cartas que chegavam mandavam abrir estradas na região para buscá-la, ao mesmo tempo em que orientavam como extraí-la e exportá-la, para assim tentar regular seus preços e evitar a devastação que estava ocorrendo com o pau-brasil.[15] Embora tenha tido tanto prestígio no passado, a canela-cravo é hoje quase uma ilustre desconhecida, com usos limitados apenas ao norte do país. Até o gergelim indiano[16] teve similar no Brasil, estendendo-se, em estado silvestre, de Minas ao Nordeste, provavelmente exportado para Portugal nos pacotes de drogas aromáticas.

Viagem ao fabuloso mundo das especiarias

A espécie asiática, que aqui foi introduzida, ramificou-se entre Pernambuco e Alagoas. Uma outra planta nativa foi despachada regularmente para a metrópole e largamente utilizada na medicina, mais do que na cozinha, embora tenha lá sua graça como condimento: a salsaparrilha.[17]

Raízes, bagas e folhas dos índios

Pois é, uma espécie da qual pouco ouvimos falar, a salsaparrilha, foi item importante na pauta de exportações brasileiras e, por incrível que pareça, também com similar na Ásia.[18] A trepadeira que, na América, apareceu especialmente no México, Brasil e Peru, foi chamada por nossos índios e caboclos de *japecanga*. Os portugueses a conheciam como raiz-da-china. O rizoma, parte nobre da planta, foi usado na produção de uma possante droga depurativa do sangue, empregada nos casos de sífilis; as baguinhas redondas e violáceas e as folhas, como condimento. Somou-se a estas qualidades a reputação afrodisíaca do cipó. Não houve civilização neste mundo de Deus indiferente a essa propriedade, como sabemos. Alguém registrou num almanaque de medicina popular, provavelmente do início do século XX:

GERGELIM

Usos
Molho picante:
2-3 colheres de *shoyu*, a mesma quantidade de vinagre, de pasta e óleo de gergelim; algumas gotas de molho de pimenta, uma ponta de açúcar, 1 colherinha de sumo de gengibre fresco e sementinhas de gergelim.
Rega talharins frios, à moda dos chineses, saladas, bolinhos ou rissoles de legumes, sanduíches e frios, como peito de peru.

Saúde
Rico em ácidos e vitamina E – antioxidantes e protetores das células, especialmente do fígado. Estimula a absorção de cálcio pelos ossos. Tem proteínas com alto valor nutritivo. Botsaris lembra que algumas pessoas podem desenvolver alergia a elas.
Tônico, para fraqueza; laxativo, antirreumático.
O óleo hidrata a pele seca e, aplicado localmente, é útil na dor de ouvido.
Poderoso rejuvenescedor, nas medicinas ayurvédica e chinesa.

"Planta cheia de testosterona, antigamente muito usada para fazer refrescos. Os índios mexicanos a colocavam na comida para restabelecer o ardor viril dos deprimidos e desesperados." Afrodisíaca e remédio para sifilíticos e desesperados, um dia acendendo, no outro curando e acalmando e, de quebra, dando um gostinho à comida e à bebida – a salsaparrilha era mesmo o máximo –, quem sabe recupera importância nesses tempos de redescobrimento do nosso acervo natural?

Sem ter o prestígio dessa planta, entre os portugueses, as modestas sementinhas vermelhas de urucum estavam pelas matas, tingindo os índios de vermelho nas suas festas. Fizeram sucesso na culinária brasileira. Produzidas por uma árvore[19] nativa do litoral norte e nordeste, já espalhada por todo canto, foram parar na panela, certamente por arte do acaso, da experimentação culinária que encanta os curiosos. Imediatamente coloriram os alimentos e se transformaram, por este mérito, em condimento da cozinha popular, à guisa dos caros açafrões. Sabor meio acre, mas discretíssimo. O colorau (com *u*), como aqui foi chamado o "pó das sementes", dá aquele corado apetitoso aos picadinhos de carne, aos feijões, ao frango ensopado e a vários pratos da cozinha capixaba, feitos nas panelas de barro. Entrou também na comida do tropeiro paulista, nos frangos refogados em banha de porco. Em minha casa, nunca faltou, herança do meu bisavô, que levava tropas de mulas do Rio Grande do Sul a Itapetininga e Sorocaba.

Antigamente, quando o óleo de dendê era escasso e custava caro, os óleos comuns eram falsificados com as sementinhas. As primeiras margarinas brasileiras continham urucum como colorante. Nos supermercados, rebatizado de coloril ou colorífico, o pó é misturado ao fubá e ao óleo vegetal. Nas feiras, é vendido às colheradas, e há quem ponha as sementinhas num vidro de azeite de oliva e espere que o líquido adquira o tom vermelho para ser usado.

Planta aromática brasileira que parece não ter ultrapassado os limites dos usos regionais é a chamada canela-sassafrás,[20] árvore muito antiga, imensa, aparentada com o louro, de casca

Viagem ao fabuloso mundo das especiarias

bastante cheirosa. Nasce também na América do Norte e lá, usada pelos índios, tem mais reconhecimento do que aqui. No Brasil, nativa de várias regiões, tem na Amazônia uma variedade poderosa, o sassafrás-do-pará, com cerca de trinta metros de altura, de cuja casca o caboclo consegue um fortificante para digestão fraca. Com algumas lasquinhas, que podem ser transformadas em pó, tempera sua comida e sua cachaça, sim senhor! Na Bahia, onde se perfuma a bebida com várias ervas, a de sassafrás é disputada: confere ao bebedor calor e energia – como se, por *acauso*, os baianos precisassem!

O assa-peixe,[21] também pouco prestigiado fora de suas regiões de origem, amazônica, Leste e Nordeste, encontrou lugar na cozinha, mas especialmente na medicina popular, empregada nos casos de gripes e problemas pulmonares. As folhas ásperas do arbusto, com sabor que lembra o do coentro, são usadas como as da bananeira, para embrulhar peixes e mantê-los úmidos assando no forno, ou picadinhas, para temperá-los nos cozidos, como experimentou Jurema, minha amiga e costureira quando bem quer.[22]

Nossas florestas apresentariam aos desbravadores outras surpresas, como a erva-mate consumida pelos indígenas. Apaixonou os catequistas e foi chamada de chá-dos-jesuítas ou chá-das-missões. As folhas da árvore eram mascadas cruas pelos índios do sul do Brasil, do Paraguai e Uruguai, como energizante, da mesma forma como os andinos fazem com as da coca. Os portugueses passaram a usá-las nas infusões quentes. No Rio Grande do Sul, o mate tomado nas bombilhas, sem açúcar, virou o chimarrão, a princípio bebida da gente dos pampas, de tropeiros e boiadeiros, depois servida em todos os ambientes, sob qualquer pretexto, de preferência para acompanhar uma boa prosa, como é consumido também em Goiás, outro estado com tradição tropeira.

No Rio de Janeiro, gelado, é o mais popular dos refrescos, vendido em cada esquina e por toda a orla. Essa é, sem dúvida, uma belíssima especiaria que não tempera, mas refresca e tonifica, levanta o ânimo, casa com flores de hibisco, com limão, com laranjas, e cujo nome oficial não nega a raça, *Ilex brasiliensis*.[23]

HORTELÃ

Mentha piperita, M. spicata, M. crispa (Labiada)
Mint (ing.) · menthe vert (fr.) · hierba buena (esp.)
EUROPA, ÁSIA E AMÉRICA DO NORTE

Ervinha santa, rasteira, de folhas estriadas, verdes, brilhantes e resistentes.

NATUREZA
Fresca, picante, adocicada, aromática.

São dezenas de espécies, a maior parte europeia e americana. As mais conhecidas, a hortelã de cozinha, de horta, de criança (poejo), inglesa e pimenta, todas cheirosas, divinas.
Na mitologia grega, a ninfa Menta era amante de Hades (o Plutão dos romanos), deus do inferno, transformada por Perséfone, sua mulher, numa planta rasteira para que todos pisassem nela. Mas a planta herdou as qualidades da ninfa e de tão bonita, cheirosa e agradável tornou-se querida de tantas culturas.
É quase sagrada para mediterrâneos de todas as margens, também para árabes, indianos e americanos.
É um dos principais remédios caseiros dos brasileiros. Perfuma as casas, limpa o astral, atrai dinheiro, exorciza, clareia os pensamentos.
Afinal, é simplesmente *la hierba buena* dos espanhóis.

COZINHA
Melhor fresca que seca, conservada na geladeira, pois murcha rápido. As folhinhas condimentam as comidas árabes, claro, as tradicionais canjas de galinha, sopas de abóbora, carneiros assados dos ingleses, porco, molhos, geleias para acompanhar pratos salgados; na doçaria, bombons, licores, chás.

USOS
Molho de iogurte com hortelã:
Misturar iogurte natural com folhinhas bem picadas da erva, pepinos descascados e sem sementes, picados finamente, e pimenta-do-reino moída.
Acompanha carnes, pratos árabes, sopas e caldos, nos pães e torradas.

MAIS SABORES DA AMÉRICA

O mais novo tempero do mundo gastronômico faz parte do arsenal aromático dos habitantes das matas venezuelanas: a fava de uma grande árvore que chamam *tonka*.[24] Frufrus e rapapés, especialmente entre os franceses, saúdam a entrada em cena da *fève tonka*, ou *tonka bean*, que está lá naquelas florestas sabe Deus desde quando, mas, de uns tempos para cá, foi descoberta pela cozinha sofisticada. Requisitada para dar um tom adocicado a certas receitas, ao *crème brûlée*[25] ou a molhos que acompanham o *foie gras*,[26] por exemplo, é usada com discrição. Os venezuelanos sempre a utilizaram desta forma, à guisa da moscada e também para perfumar o fumo. Para adotá-la, os novidadeiros deverão ter paciência de Jó, como se dizia antigamente, ou a de um apreciador de vinhos, que dá tempo ao tempo para que o produto ganhe corpo e sabor.

Veja por quê: a fruta lembra uma manga e deve ser colhida e seca à sombra, por um ano. Doze meses secando, esquecida. Dela se retiram, então, as duas sementes compridas, de uns três a quatro centímetros, as tais *favas tonka*, negras e duras. No seu interior estão as amêndoas brancas e oleosas, a alma da especiaria, que desprendem um cheiro de baunilha e mel. Estas também passam por um processo de secagem para, em seguida, macerarem no rum, durante dois ou três dias. Novamente secas, ganham mais sabor e uma camada esbranquiçada e só então estão prontas para serem usadas. Ponha aí, sem exagero, um ano e uns dois meses para que as favas virem tempero. É a tal história, afobado as come cruas e amargas, mas poderá preferir, a todo esse processo, simplesmente pedi-las no balcão do Fauchon, em Paris, ou no Dean & DeLuca, de Nova York, ou tentar achá-las em algumas casas de gastronomia de São Paulo.

A ÁRVORE DE ELIAS E O *KETCHUP* DE FIDEL

Na América do Norte, a família da hortelã revelou cerca de 15 espécies entre as 25 ou 30 existentes, e a cebolinha brotou misteriosamente (registro insuspeito de Bailey). Daí são também nativas a mostarda, uma espécie de papoula, e descobriu-se a árvore do zimbro, sob a qual o profeta Elias meditou no Oriente Médio. É, a natureza tem suas estranhezas, acontecimentos sem pé nem cabeça.

HORTELÃ

SAÚDE

Óleo essencial rico em mentol e mentona, com efeito analgésico e expectorante. É excelente anestésico local, aliviando cólicas, dores de cabeça e musculares. Há pesquisas mostrando que é bom recurso para expulsar amebas e giárdias (antiparasita), o que explica seu longo uso pelos árabes, especialmente nas carnes cruas.
Na medicina popular, para gripes, dor de garganta (também em gargarejos), para estimular a transpiração e baixar a febre; em picadas de insetos, principalmente em crianças.
Para os pequeninos, chá de poejo com mel, nos resfriados.
Um chazinho antes de dormir é sono bom e santo.

A árvore do sassafrás, da idade do mundo, segundo fósseis encontrados, foi descoberta pelos espanhóis entre a Flórida e o Canadá. Sua casca e suas folhas tornaram-se imprescindíveis à cozinha *créole* dos descendentes de franceses e africanos nascidos nos Estados Unidos. Com muitos tomates, cebolas, pimentas, *kimbombos* (ou *gambas*, *gumbos*, *gambôs*, ou melhor, quiabos), ela tem sede em Nova Orleans, no estado de Louisiana (que foi território francês, comprado pelos EUA há mais de duzentos anos).

Certamente, a influência *créole* inspirou a criação do molho tabasco por uma família dessa região, ao tempo da Guerra de Secessão, em 1864. Vermelho, picante, feito com as malaguetinhas vermelhas e compridas de Tabasco, México, é um dos condimentos mais apreciados dos latinos, inclusive brasileiros, sempre às mesas das nossas pizzarias e churrascarias. O tabasco verde é feito com as pimentas *jalapeños*. Fermentadas em barris por meses, elas são depois misturadas ao vinagre, temperadas com sal e açúcar, cebola e alho, receita que sofreu adaptações mundo afora, podendo incluir coentro, açúcar mascavo e até cachaça, nesse processo espontâneo e criativo de reinvenção de sabores.

Construídos por imigrantes ingleses, holandeses, alemães, italianos, chineses, escandinavos, espanhóis, franceses e africanos, os Estados Unidos aclimataram as mais diversas plantas e ervas. Estas se desenvolveram especialmente na Califórnia, onde estão os vinhedos e as oliveiras, mas encontrando bom ambiente também na costa atlântica e regiões ao sul. Absorveram muitas cozinhas, incorporaram temperos como o cominho, a canela, o aneto, a salsa, o gengibre, tornaram-se um grande centro importador de especiarias. Adaptaram os molhos cremosos dos franceses, como a maionese e a pasta de mostarda, adotaram os picantes latino-americanos. Tudo usado com discrição, quase insossamente. Menos o *ketchup*.

O grande trunfo condimentar dessa culinária parece ter sido a apropriação do molho inventado pelos ingleses e tê-lo difundido de forma inacreditável. Quando Fidel Castro lambuzou seu *hot-dog* com a pasta vermelha, durante a visita que fez à feira de alimentos montada por empresas americanas em Cuba, em outubro de 2002, tivemos certeza de que o mundo estava mudado e de que o sonho do socialismo acabaria em *ketchup*! Imprescindível no modo de comer ligeirinho do americano, esse molho de tomates adocicado e picante não pode ser, de forma alguma, menosprezado. Nem a mostarda, que os norte-americanos fizeram mais cremosa e amarela. O sociólogo e gastrônomo Gabriel Bolaffi, italiano criado no Brasil, em seu livro *A saga da comida*, lembra que "[...] esses dois ingredientes, hoje tão abastardados pelo *fast food*, ainda se prestam para enriquecer pratos sublimes e sofisticados". Não vamos nos esquecer do nosso popular estrogonofe, adaptação do prato russo *stroganoff*, no qual usamos esses dois molhos.

Feito com purê de tomates, vinagre, açúcar, cebola e pimentão, a fórmula do *ketchup* é um resumo da original inglesa, que levava, ainda, cogumelos, nozes, molho de soja e até frutas. Maria Lucia Gomensoro levanta a possibilidade de os ingleses, por sua vez, terem adaptado um molho chinês do século XVII à base de vinagre e especiarias, o *ke-tsiap*, que levaram para a Nova Inglaterra, no nordeste dos Estados Unidos, e a ele acrescentaram, no século seguinte, os tomates já cultivados por lá. Um dos mais apreciados molhos da América é o *chimichurri* dos argentinos e uruguaios, que tempera suas carnes: à base de azeite de oliva e vinagre, ervas como orégano e salsa, cebola e alho picados, sal e pimentas, a do-reino e a que chamam caiena (a malaguetinha desabusada de tantos nomes e uma só ardência, fortíssima).

NOTAS

1. A pátria do melhor pau-brasil é a Sumatra, na Indonésia, que produzia a tinta vermelha mais usada para tingir tecidos. Os árabes o levaram para a Índia e o Egito, e, em 220 a.C., estava na península Ibérica, como pau-de-tinta ou brasil. (Eduardo Bueno, *A viagem do descobrimento*).
2. Os primeiros registros da *capsicum*, com descrição e usos, foram feitos por Leonarthus Fuchsius.
3. O livro *Viagem ao Brasil*, de Hans Staden, publicado no século XVI, foi reeditado na Alemanha, no final do século XIX, e traduzido no Brasil, no início do século XX. Ditado por Staden a um médico, um certo dr. Zychmann, fez imenso sucesso na Europa, por serem raros os registros sobre o Brasil.

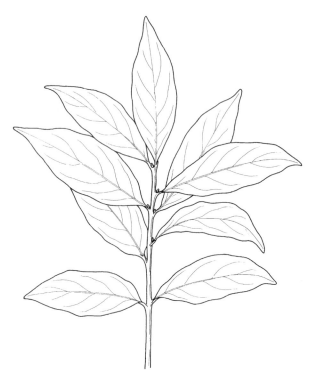

LOURO

Laurus nobilis (Laurácea)
Laurel, bay leaf (ing.) · *laurier* (fr.) · *laurel* (esp.)
MEDITERRÂNEO

Árvore de grande porte, crescimento lento, forte e de vida longa, chefe de família à qual pertencem canela, cássia, cânfora, abacate e sassafrás.

NATUREZA
Morna, sabor picante, amargo, ligeiramente acre.

O louro é poderoso pela própria natureza, planta tão forte que, nas culturas mediterrâneas, se uma árvore morre, é sinal de mau agouro.
Segundo Bailey, "suporta abusos e negligências".
Na mitologia grega, representa Daphne, a ninfa que foi transformada na árvore para escapar às perseguições amorosas de Apolo que, desde então, passou a usar uma coroa de folhas de louro para lembrá-la.
Na tradição grega, a coroa de louro homenageou atletas e guerreiros, reis, príncipes e poetas.

4. Boletim de Pesquisa nº 19, Embrapa: "Teores de princípios pungentes de algumas pimentas do gênero *capsicum* cultivadas no Brasil."
5. *Capsicum annuum*.
6. *Piper sanctum*.
7. *Piper hispidinervum*, *Piperáceas do Nordeste brasileiro*, Elsie Franklin Guimarães e L. C. da Silva Giordano, inédito.
8. *Piper marginatum*, *Plantas do Nordeste, especialmente do Ceará*, Renato Braga. Essa e o cravo-do-maranhão estão sendo estudados no Museu Emilio Goeldi, do Pará. Existem outras piperáceas em uso no Nordeste, como a pimenta-de-macaco, *Piper tuberculatum*, bem miudinha, que dá em longas espigas.
9. *Schinus terebinthifolius*.
10. *Notas taxonômicas para espécies brasileiras de Vanilla Mill.* (*Orchidaceae*), de Cláudio Nicoletti de Fraga, Boletim nº 13 do Museu de Biologia Mello Leitão.
11. Negreiros lutou ao lado dos portugueses contra os holandeses e liderou a chamada Insurreição Pernambucana, para expulsá-los. Incendiou canaviais da família para não pactuar com os invasores que queriam dominar os engenhos para aumentar a produção de açúcar; governou o estado do Maranhão, nesta época separado do Brasil, também Pernambuco e Angola.
12. Cravo-da-terra ou craveiro-da-terra, *Calyptranthes aromatica* ou *Eugenia brasiliensis*, mirtácea, da família do legítimo cravo-da-índia.
13. Canela-cravo ou canela-de-cheiro, *Mesphilodaphne opifera*, laurácea.
14. Roberto Simonsen, *História econômica do Brasil*.
15. Pau-brasil, terceiro produto mais exportado do Brasil, entre 1530 e 1822, depois do açúcar e dos minérios; açúcar, 300 milhões de libras esterlinas, minérios 170 milhões, pau-brasil 15 milhões; depois tabaco, algodão, couro, café, arroz e as especiarias e drogas aromáticas, estas perfazendo 3,5 milhões (Simonsen).
16. *Sesamum brasiliensis*.
17. *Smilax salsaparrilha*, da família das smilacáceas, é a espécie mais conhecida e cresce na América Central e do Sul. Várias são nativas do Brasil, entre o Rio Grande do Sul e o Ceará, como a *Herreria salsaparrilha*.
18. *Smilax china*, também originária da Índia Oriental e Japão, com as mesmas propriedades terapêuticas das demais espécies.
19. Urucum ou urucu (*Bixa orellana*); as sementes ficam no interior dos frutos peludinhos de uma bela árvore ornamental que dá flores lilases.

Viagem ao fabuloso mundo das especiarias

20. *Sassafras officinalis* ou *Laurus sassafras*, da família das laureáceas. Entre as espécies brasileiras está a *Nectandra cymbarum*.
21. *Boehmeria caudata*, da família das urticáceas.
22. Levou cinco anos para me entregar um vestido. Por sorte, não mudei de peso.
23. A princípio classificada como *Ilex paraguayensis*, hoje reconhecida como espécie brasileira.
24. *Dipterix odorata*.
25. O creme queimado dos franceses, com creme de leite, gemas, baunilha, canela e açúcar.
26. Fígado de ganso ou pato engordados, servido de várias formas: fresco, passado rapidamente na frigideira bem quente, ou em terrinas, com especiarias, cozido no forno, em banho-maria. Abas e aparas do *foie gras* viram patês feitos com ervas.

LOURO

O termo laureado e a expressão "Ao vencedor, os louros" mostram a forte tradição da erva, como símbolo de honraria e vitória.
Tem propriedades narcóticas e suas folhas e frutos negros foram usados por sacerdotes para favorecer o transe e inspirar as profecias.

Cozinha
É um dos temperos básicos, indispensável aos mediterrâneos, indianos e povos dos Mares do Sul, do Oriente Médio e das Américas. Brasileiros o amam nas carnes e cozidos, arroz, feijões, molhos, sopas, peixes, caldeiradas do norte. Com ele os portugueses inventaram a vinha-d'alhos, que legaram aos indianos, com vinho, alho e ervas.

Usos
Vinhas-d'alhos para carnes:
1 folha de louro e porção de tomilhos frescos ou secos, 1 cravo, pimenta-do-reino, vinho tinto, alhos amassados.

Saúde
O louro afasta o mal, rezam as lendas. As qualidades medicinais da folha garantem esse poder. No século I, Dioscórides registrou as de dissolver pedras nos rins e aliviar crises de fígado. As pesquisas apontam a ação anti-inflamatória de seus óleos, que protegem o tubo digestivo, além das propaladas qualidades digestivas, antigases e também antiespasmódicas – para cólicas.
É erva boa para diabéticos, pois ativa o metabolismo da glicose, ajudando a reduzi-la no sangue.
Na medicina popular, é usado nas gripes e na insônia, e também em infusões.
Óleo essencial, nas massagens, para reumatismo.
Botsaris lembra que o louro pode causar alergias.

O leva e traz de produtos e o comércio de especiarias ganharam ritmo a partir do século XVI, mais frenético nos séculos XVII e XVIII, quando navios de várias bandeiras navegavam todos os mares, disputando nacos de terra. Os franceses fizeram proezas. Surrupiando aos holandeses plantas do arquipélago das especiarias, encheram de moscadeiras, pimenteiras, craveiros e caneleiras as ilhas Seychelles, Madagascar, Reunião e Maurício, no oceano Índico, próximo à costa africana. Também as levaram para as Guianas e as Antilhas, na América Central. Em alguns lugares criaram verdadeiros jardins de especiarias, paraísos privados povoados de plantas, como, nas Guianas, o Jardin Gabrielle, e, nas vulcânicas ilhas Maurício, de solo riquíssimo, o não menos luxuriante Jardin de la Pamplemousse,[1] criado por um botânico aventureiro, Pierre Poivre, de cujos canteiros viriam as primeiras espécies aromáticas para o Jardim de Aclimatação do Rio de Janeiro, criado por D. João VI, no início do século XIX – o Jardim Botânico, bem defronte à minha janela. Mundinho sem porteira!

7. A DANÇA DAS ESPECIARIAS: MOSCADEIRA

As ilhas Maurício serviram a vários povos. De início, aos portugueses, que aí chegaram em 1510, fazendo-as de porto de abastecimento nas rotas para o Oriente; a partir de 1598, aos holandeses, que as batizaram homenageando Maurício de Nassau, introduziram a cana-de-açúcar e deram fim às florestas de ébano, cuja madeira desperdiçaram à vontade. Os franceses aí se instalaram, entre 1715 e 1810, chamando-a de ilha de França e aí criando o tal Jardin de la Pamplemousse, com especiarias e plantas orientais. Depois chegaram os ingleses, restaurando o nome Mauritius e nelas permanecendo até a independência da ilha, em 1968.

Viagem ao fabuloso mundo das especiarias

O INCRÍVEL SR. PIMENTA

Pierre Poivre[2] foi um dos mais loucos aventureiros a se arriscar no contrabando de especiarias. O francês de nome surpreendente, depois de uma experiência na China como missionário, aos 21 anos, voltou à França para estudar botânica e aos 25, em 1744, embarcou para o Oriente com a Companhia Francesa das Índias. Na viagem, perdeu uma das mãos num tiro de canhão desferido por um navio inglês. Na base francesa de Pondichéry, costa indiana, onde desembarcou, acompanhou o comércio da moscada e do cravo, a essa altura os produtos mais valorizados na Europa, já que a canela e mesmo a pimenta-do-reino, mais acessíveis, caíam de preço. Gostou do movimento, dos cheiros, dos cenários asiáticos. Decidido a trabalhar no ramo, foi autorizado a ir à Cochinchina arrecadar plantas para

NO ATLÂNTICO, BAUNILHAS NO ÍNDICO

aclimatar na ilha de França. As mudas que trouxe e mandou plantar foram destruídas por um jardineiro francês, um certo Fusée-Aublet, que aprontaria outras até ser descoberto. Quem esteve atrás do homem nessa grande sabotagem não se sabe, mas certamente algum despeitado do prestígio de Poivre.

O mundo das especiarias está cheio de histórias malucas. Pierre foi, então, a Manila, nas Filipinas, onde, por informações secretas, soube existir moscadeiras e craveiros levados das Molucas e, em seguida, clandestinamente, chegou ao arquipélago holandês, de onde voltou carregado de especiarias. Assim, o incrível sr. Pimenta conseguiu, finalmente, criar na ilha de França o belíssimo Pamplemousse, que ainda hoje existe e no meio do qual o botânico fez sua casa. O lugar estava destinado a ser mesmo uma maravilha: Poivre o batizou com o

143

MANJERICÃO

(manjericão, basílico, erva real, alfavaca)
Ocimum basilicum e *O. gratissimum* (Labiada)
Basil (ing.) · *basilic* (fr.) · *hierba real, albahaca* (esp.) · *basilico* (it.)
ÁFRICA, ÍNDIA E PACÍFICO SUL

Plantinha anual de caules finos e folhas delicadas.

NATUREZA
Morna, picante, de sabor e perfume muito adocicados.

Herbalistas do século XVII diziam que "o cheiro do basílico é bom para o coração e a cabeça e faz um homem feliz e alegre".
O nome deriva do grego *osme*, odorífico, fragrante. É a *tulsi* sagrada dos indianos, plantada à porta de templos e palácios para homenagear Lakshmi, mulher de Vishnu, o deus da vida, e afastar maus espíritos.

nome de uma fruta, a *pamplemousse doux des Antilles*[3] – o *grapefruit* dos ingleses. A primeira produção local de moscadas, em 1778, foi comemorada pelo rei Luís XVI e valeu a Poivre muitas homenagens. A essa altura ele já havia retornado a Paris com a mulher e os dois filhos nascidos na ilha.

A essa figura, cujas peripécias ainda são lembradas, devemos a qualidade das espécies trazidas para o Jardim de D. João VI, contrabandeadas do Pamplemousse por um português que estava preso por lá. Esse povo das especiarias era mesmo useiro e vezeiro em surrupiar plantas, feito passível de prêmios, prisão ou morte, dependendo do sucesso da operação.

A MULTIPLICAÇÃO DE MUDAS

Agrônomos, botânicos, médicos e naturalistas foram mobilizados pelas coroas europeias para organizar cultivos em ilhas e terras sob seus domínios. O próprio Garcia de Orta foi convidado a ir a Goa para fazer um jardim de aclimatação e acabou por produzir seu livro sobre as plantas aromáticas e medicinais da Índia. Cultivar especia-

Viagem ao fabuloso mundo das especiarias

rias no meio dos mares foi uma forma de controlar melhor a produção e ter acesso mais fácil aos mercados europeus, com os riscos, claro, de ter plantas contrabandeadas, navios e cargas roubados e destruídos, o que, de um jeito ou de outro, aconteceu com todo mundo.

Colhidas dali, semeadas acolá, as plantas foram mudando de lugar, chegando ao dia a dia de diferentes povos, enriquecendo seus costumes: a cana-de-açúcar desembarcou no Brasil da ilha da Madeira, no Atlântico,[4] onde os portugueses aclimatavam espécies. Gengibres foram para a Jamaica, daí para os Estados Unidos, canelas do Ceilão para as ilhas da Madeira, Canárias e Brasil. Pimentas para todo lado, africanas para cá, brasileiras para os quatro continentes, a *cubeb* para a Jamaica, de onde aportou por aqui.[5]

O chá foi para a Inglaterra, pimentões para a Espanha e a Europa oriental. Berinjelas, couves-flores e frutas da Índia, tomates e batatas da América ganharam o mundo. Antes de chegar ao Brasil, em 1723, com sementes trazidas por Francisco de Melo Palheta e plantadas no Pará, o café africano já estava na moda na Europa. As baunilhas foram levadas

MANJERICÃO

Erva protetora adotada pelos italianos para livrar suas crianças do *occhio grande*.
Seu óleo é usado nos rituais de exorcismo e purificação.
São cerca de sessenta espécies espalhadas pelo mundo, entre elas o manjericão comum, o de folhas miúdas, o manjericão-de-folha-grande ou basílico, o de folhas roxas e o arbustivo, de folhas acinzentadas – a alfavaca.

Cozinha
Na primeira metade do século XIX foi a queridinha das mesas elegantes, também no Brasil, embora aqui tenha enfrentado a ditadura do coentro.
Apreciadíssimo, especialmente nos pratos italianos, molhos de tomate, carnes, peixes, massas, berinjelas, abobrinhas, cogumelos, sopas, queijos.
Entra no *pesto*, nos azeites e vinagres balsâmicos.

Pesto genovês:
1 xícara de folhinhas da erva, outra de bom parmesão, 3 dentes de alho, 3 colheres de sopa de nozes ou *pignoli* picados, azeite de oliva até dar o ponto.
Bater no liquidificador, obter um molho grosso e homogêneo. Conservá-lo na geladeira, em pote bem fechado.
Ao usá-lo, adicionar um pouco da água fervente da massa para afiná-lo.

Saúde
Na Antiguidade foi antídoto para picadas de escorpiões e de outros bichos, como registrou Dioscórides.
Propriedades sedativa, diurética, antidepressiva.
Usada para ansiedade e distúrbios do sono, prescrita para epilepsia.
Analgésica, anti-inflamatória (especialmente do intestino) e para úlcera de estômago.
Aumenta o leite das lactantes e regula os ciclos menstruais.
Na medicina popular, para dor de cabeça e irritabilidade, cansaço e resfriado.
É uma das ervas aprovadas pela FDA americana.

inicialmente para a Inglaterra, daí para o Jardim Botânico de Paris, que enviou mudas para as ilhas de Madagascar e Reunião, de onde chegaram ao Brasil, à Índia e a Java. Nesse mesmo século, os missionários espanhóis levaram as oliveiras mediterrâneas para plantar na Califórnia.

As panelas ganharam novidades e os novos alimentos impulsionaram não apenas a gastronomia, mas a economia mundial. Nessa época, os produtos agrícolas brasileiros, exportados para Portugal – aí compreendendo as plantas aclimatadas e as nativas –, foram determinantes, segundo o historiador Roberto Simonsen, para o reflorescimento da economia portuguesa registrado entre 1780 e 1806.

Brasil, o maior jardim de especiarias

Se Gabrielle e o Jardim Pamplemousse foram ilhas de belezas e cheiros, não passaram de retalhos, amostras do que seria feito naquela imensidão de terras ao sul do novo continente. O Brasil, de norte a sul, abrigou os maiores e mais fabulosos jardins de especiarias. Terras a perder de vista, húmus, sol, água à vontade, largas costas, vales, serras, climas para quase todas as espécies. Fazer da colônia um grande centro cultivador e exportador desses produtos foi, a partir de um certo momento, o sonho acalentado pela metrópole.

Para entender como se desenvolveu o cultivo dessas plantas no Brasil é preciso trazer para cá os ecos do que acontecia no grande palco das Molucas. Enquanto Portugal dominava o comércio asiático e controlava os preços no mercado europeu, até 1595, não teve interesse algum em explorar as potencialidades de suas terras na América. Pelo contrário, chegou a proibir que nelas se cultivassem especiarias e ainda ordenou a destruição das que fossem

Viagem ao fabuloso mundo das especiarias

encontradas! Somente quando foi escorraçado das regiões produtoras, no início do século XVII, teve suas frotas destruídas e perdeu feitorias, é que voltou os olhos para a viçosa colônia. A partir daí, projetou fazer dela um centro produtor capaz de, pelo menos, atender à demanda de seu mercado interno, o que já seria uma grande coisa, pois o internacional fora perdido para as companhias estrangeiras que passaram a controlar o comércio com a Ásia.

A atuação dos jesuítas foi decisiva na expansão das culturas exóticas no Brasil. A Companhia de Jesus era uma ordem rica, dona de navios que ancoravam nos portos da Índia e voltavam abarrotados de mercadorias, como vimos. Plantando missões no Maranhão, Pará, no vale do Amazonas, no Piauí e na ilha de Marajó, onde instalaram fazendas de gado e engenhos, os religiosos formaram prósperas aldeias que se sustentavam com a exploração das espécies nativas e o cultivo das exóticas por eles introduzidas. Trouxeram as melhores especiarias e expandiram sua cultura por várias regiões. Os cravos-da-índia, por exemplo, mais aromáticos que os similares brasileiros, foram ganhando cada vez mais espaço no Norte e Nordeste e entraram no mercado português a bom preço. Entretanto, o cultivo do cravo-da-terra não foi, de forma alguma, desprezado. Ele teria seu lugar, evidentemente mais modesto, no mercado português.

As primeiras espécies asiáticas foram trazidas ainda no século XVI e espalhadas, a princípio, pela costa do Maranhão, Bahia e Rio de Janeiro: as mais cheirosas caneleiras do Ceilão, os craveiros e moscadeiras das Molucas, as pimentas-do-reino de Macau e do Timor.[6] No século seguinte, por volta de 1655, já existiam grandes viveiros no Maranhão, controlados pelos jesuítas, alguns vindos de Portugal especialmente para isto.

As cartas régias passaram a estimular a descoberta e o cultivo de espécies nativas. A de 1677, por exemplo, incentivava, com prêmios e favores, a expansão dos cacaus silvestres descobertos

MANJERONA

(manjerona-doce, manjerona-verdadeira)
Origanum majorana (Labiada)
Sweet marjoran (ing.) · marjolaine (fr.) · mejorana (esp.)
MEDITERRÂNEO

Planta vivaz, resistente, de folhinhas arredondadas e flores coloridas.

NATUREZA
Fresca, picante, levemente adocicada, bastante aromática.

É grande e formoso o mundo da manjerona e tudo o que ela pode nos proporcionar.

no Amazonas. A de 1686 referia-se às pimentas e recomendava "o prosseguimento das descobertas do artigo"[7] (provavelmente a *capsicum*). O cravo-da-terra e a canela-cravo foram exportados para Portugal durante os séculos XVII e XVIII, juntamente com outras espécies aromáticas, e o pau-brasil, o cacau, o café, a borracha, o anil,[8] o arroz, o tabaco, o algodão e os minérios.

O SONHO DO REI

A vinda do então príncipe regente D. João VI para cá, em 1808, fugindo de Napoleão Bonaparte, que invadia Portugal, é um marco na cultura das especiarias no Brasil. Antes mesmo de desembarcar no Rio de Janeiro, tomou algumas providências para aumentar a produção das espécies aromáticas e medicinais da colônia e habilitá-la a competir com o mercado asiático, seu grande sonho. Criou por carta, em 1796, o Horto Público São José, no Pará, que no ano seguinte passou a ser dirigido pelo agrônomo francês Grenoullier, vindo das Caienas – veja só que chiquê. Este tratou logo de levar para o horto as caneleiras do Rio e da Bahia.

Quando D. João chegou, cheio de gás, disposto a criar as estruturas necessárias para fazer desta terra de índios e caboclos um pouso pelo menos suportável, as especiarias asiáticas cá estavam havia mais de duzentos anos. As caneleiras estendiam-se pela costa, desde o Rio de Janeiro, já estudadas pelo mui importante médico e botânico português Bernardino Antonio Gomes,[9] no livro *Plantas medicinais do Brasil*, escrito em 1798, mas publicado somente em 1809, por iniciativa do príncipe,[10] que tratara de criar, aqui, a Impressão Régia. Não seria exagero chamar D. João de rei das especiarias, tal seu esforço para que no Brasil brotassem todas as flores, madeiras e frutos cheirosos, e que esse vasto mundo de plantas fosse estudado e compreendido. Se nesses aspectos foi vitorioso, a conquista do mercado internacional não passou de utopia: não haveria mesmo espaço para os produtos luso-brasileiros naquele mundo loteado entre grandes potências estabelecidas nos centros asiáticos.

Uma das primeiras providências de D. João no Rio foi comprar a fazenda Nossa Senhora da Lagoa, onde funcionava, desde 1596, um engenho. O lugar pareceu-lhe ótimo para erguer uma fábrica de

MANJERONA

Irmã mais discreta do orégano, mais sofisticada, de aroma e sabor suaves, é uma das ervas preferidas de Afrodite, a deusa do amor, condição que lhe conferiu poder de atrair felicidade para os casais e proteger a casa.

Nas cidadezinhas gregas, os noivos cultivam a tradição: eles, perfumando-se com o óleo, elas, pondo as flores em seus buquês.

São cerca de vinte espécies, algumas crescendo verticalmente, outras estendendo-se rasteiras.

Florescem no verão florezinhas que vão do branco aos diversos tons de lilás até o vermelho, como a que nasce em Creta – todas muito cheirosas.

COZINHA
Fresca ou seca, é uma das mais versáteis da cozinha, com usos semelhantes aos do orégano, temperando carnes, aves, peixes, molhos, tomates, berinjelas, cogumelos, massas, sanduíches, pastas. Casa-se bem com o próprio orégano, com o tomilho, o alecrim e o manjericão, entrando nos buquês franceses.

USOS
Mix mediterrâneo:
Alho seco picado, manjerona e orégano desidratados, pimenta-do-reino amassada; para grelhados, até mesmo salmão e atum, molhos para massas, saladas, *ratatouilles*, cogumelos.

SAÚDE
Atividades aperitiva, digestiva, antigases, diurética, antisséptica, calmante; expectorante, usada para resfriados e dores de garganta (em gargarejos).
Folhas maceradas em óleo quente, para massagear juntas doloridas, no reumatismo e na artrite.
Há registros de seu uso popular como atenuador do desejo sexual (Alonso).
Desaconselhado para grávidas.
Aprovada pela FDA.

pólvora, mas, observando terras tão boas, achou que poderiam aclimatar as espécies asiáticas. Assim, em 13 de junho do ano de sua chegada, criou o Jardim de Aclimação para ocupar todo o terreno à volta da fábrica: uma imensidão que se estendia até a beira da Lagoa e ao sopé das pedras da Gávea. Em seguida, determinou a organização dos hortos de Olinda, Bahia, Minas e São Paulo, que funcionariam como filiais, recebendo mudas e sementes da matriz.

De forma aventuresca, como tudo naquele mundo das especiarias, chegaram as primeiras plantas para o jardim de D. João: moscadeiras, craveiros, abacateiros, mangueiras, tamarindeiros, cajazeiros, árvores de fruta-pão, litchi e sagu, além de uma palmeira (a palma *mater* que tantos filhotes daria), presentes de um visitante inesperado, um tal Luiz de Abreu Vieira e Silva, que atravessara mares para trazê-las. O português chegou contando uma história sem pé nem cabeça, comum àqueles tempos: naufragara perto de Goa, fora aprisionado pelos franceses e enviado para as ilhas Maurício – então ilha de França. Quem estava lá? *Monsieur* Poivre, comandando seu magnífico Jardin de la Pamplemousse. Sabe Deus como, o prisioneiro conseguiu fugir carregado de sementes e mudas e despencou mar afora, até o Rio de Janeiro. No navio de quem teria embarcado? Segundo alguns registros,[11] para semelhante proeza teria contado com a ajuda de um senador de Macau, Raphael Bottado de Almeida. O certo é que o presente chegou em boa hora, e D. João mandou tudo plantar, muito satisfeito.

Mais espécies chegaram, dois anos depois, e em 1811 mais um botânico francês, Paul Germain, desembarcou em Pernambuco trazendo mudas e sementes surrupiadas a seus próprios conterrâneos, no Gabrielle. Antes, passou pelo Rio para fazer um agrado a D. João, presenteando-o com novas espécies para o seu já famoso jardim: fruta-do-conde, carambola, groselha, pimenta-do-reino e, surpresa!, a planta tão querida de seu Gilbert, meu amigo

Viagem ao fabuloso mundo das especiarias

filipino: a *belinbling*. Até ela, que, em 1793, fora levada do Timor à Jamaica, acabou por espichar-se pela América Central e do Sul.

No ano seguinte, desembarcaram no Rio as primeiras sementes do chá chinês, via Macau, onde era cultivado, e do perfumadíssimo jasmim-do-imperador,[12] para aromatizá-lo, puro requinte. Para que a caboclada abestada com as novidades não pusesse as mudas a perder, D. João importou uma colônia de chineses para ensiná-la a cultivar as especiarias. A plantação, documentada por Rugendas numa bela gravura,[13] começou pela atual aleia Frei Custódio, estendeu-se em direção à Lagoa e foi ocupar também a encosta da atual Vista Chinesa – aí está a origem do nome do mirante erguido na Floresta da Tijuca. Vendo as espécies brotarem viçosas e desordenadamente no seu grande jardim, D. João rebatizou-o de Real Horto e, depois, de Real Jardim Botânico, aberto à visitação pública em 1822.

A FESTA DOS GAFANHOTOS

A essa altura o monarca já não estava mais aqui, voltara a Portugal no ano anterior, ordenando que tudo se fizesse para aumentar a produção e a exportação de especiarias na colônia, e atenção especial à plantação do Jardim Botânico. Para estimular o plantio das espécies, instituíra prêmios e isenção de taxas alfandegárias na importação de sementes, ferramentas ou de outros materiais necessários ao cultivo. No Rio, a plantação de chá que se espalhara, bonita, pelos vales da Floresta da Tijuca e aleias do Jardim, garantiu três colheitas anuais, até 1928. As caneleiras formavam um belo bosque em torno da fábrica de pólvora e os craveiros o bordeavam, perfumando tudo à sua volta[14] – afinal, cravo e canela nasceram um para o outro. O Jardim, uma floresta esplêndida, cheirosa. Mas será que as coisas, por aqui, ficariam como Sua Majestade desejara?

151

MOSTARDA

(mostardeira, mostarda-branca, dourada, castanha, preta)
Brassica hirta; B. nigra (Crucífera)
Mustard (ing.) · moutarde (fr.) · mostaza (esp.)
EUROPA, ÁFRICA, ÁSIA OCIDENTAL E AMÉRICA DO NORTE

Plantinha de folhagem viçosa, intensa florada amarela de verão, frutos como vagens, onde estão as sementinhas.

NATUREZA
Morna, picante, acre.

A família é grande, com muitos gêneros e espécies, produzindo sementes claras e escuras, algumas mais picantes, outras menos.
São conhecidas desde quatrocentos anos antes de Cristo, citadas várias vezes na Bíblia.
Plínio registrou suas tantas qualidades medicinais.
Os chineses também, seiscentos anos depois, no século VII.
A fama afrodisíaca é antiga: o pobre do desanimado tinha seu membro esfregado com as sementes e assim punha-se de pé para a batalha.
Na cozinha europeia do século V, já estavam em pastas e molhos que foram se sofisticando com o mosto da uva e as ervas. Carlos VI, em 1390, regulamentou a fórmula para estimular a produção comercial, que veio acontecer, de forma organizada, no século XVII, em Dijon, quando os potes de argila com as pastas picantes, afinal, ganharam o mundo.

COZINHA
As pastas se multiplicaram: da mais tradicional, feita apenas com grãos claros, às que trazem mil condimentos, estragão, manjericão, tomilho, pimentas, limão, gengibre. Os italianos criaram uma deliciosa, com frutas em calda doce e vinhos; a alemã é feita com as sementes negras; a americana, com as claras; a inglesa mistura os dois tipos e adiciona outros condimentos, como a cúrcuma. Os grãozinhos temperam pães e tortas e tudo o que em pó ou em pasta também podem condimentar: picles, frios, patês, salsicharia, molhos, maionese, ovos, assados e grelhados.

Foi-se o homem, os gafanhotos fizeram a festa. O povo tinha o mau hábito de arrancar folhas de árvores aromáticas para forrar o chão das igrejas e ruas nas festas religiosas – Corpus Christi, por exemplo – e começou por dar fim ao bosque. Nos cinco anos em que dirigiu o Jardim, a partir de 1824, frei Leandro replantou cravo e a camélia *sinensis*. Em 1837, finalmente, tentou-se a exportação do chá brasileiro, mas as amostras enviadas a Londres foram recusadas, provavelmente não por sua qualidade: o mercado internacional dificilmente abriria brechas para um competidor acanhado e sem tradição, como o Brasil. A partir daí, a plantação degringolou. Entretanto, entre 1890 e 1894, já sob a administração do advogado, economista, político e botânico João Barbosa Rodrigues, o Real Jardim forneceu quase uma tonelada de sementes de plantas a hortos brasileiros e estrangeiros,[15] passando a figurar, portanto, como colaborador das maiores instituições botânicas internacionais.

Outros diretores do parque, botânicos e naturalistas como Campos Porto, J. G. Khulmann e Pacheco Leão tentaram reintroduzir as especiarias, mas o Jardim Botânico ganhava, aos poucos, outro perfil, o de um centro de estudos.[16] As plantas asiáticas,

Viagem ao fabuloso mundo das especiarias

que foram sua razão de ser, foram desaparecendo quase por completo. Restam hoje, no triste espólio, um pé de pimenta-do-reino, uma aleia de cravos, poucas canelas na região do antigo bosque. Moscadeiras, apenas duas como lembrança. Pé de chá, unzinho só. Do jasmim-do-imperador, uns vinte pés, espalhados aqui e ali, perfumando as redondezas quando floridos; do _belinbling_, a fruta que não aprendemos a usar, uns dez pés, misturados a outras plantas.

AS ESPECIARIAS AINDA DANÇAM

O mundo gira e a lusitana roda." Mais do que um reclame do tempo do onça, é um dito muito apropriado! Foram-se D. João e o bosque de canelas, mas, no Norte e no Nordeste, o cultivo de especiarias cresceu. Se o Brasil exportava salsaparrilhas, canelas e cravos para Portugal, entre outros produtos, conquistaria mais mercados, a partir das primeiras décadas do século XX, com itens surpreendentes, como a pimenta-do-reino, a pimenta-rosa da aroeira, a pimenta-da-jamaica, a _capsicum_, a erva-mate, cravos e até gengibres. Compradores na América, Europa e Ásia passaram a se interessar,

MOSTARDA

USOS

Molho para salada:
Azeite, mostarda de Dijon, manjerona seca ou fresca.

SAÚDE

Propriedades digestivas, aperitivas, antiespasmódicas, para cólicas abdominais; analgésicas, para dores lombares e reumáticas.
Atividade vasodilatadora e tônica do coração.
As sementes acalmam se aplicadas em pontos estratégicos da orelha pelos acupunturistas.
Contraindicada em caso de gastrite, úlcera e insônia, varizes, gravidez, amamentação e hipotireoidismo.
Afrodisíacas, na tradição mediterrânea.

por exemplo, pela pimenta-do-reino brasileira, que hoje chega, por incrível que pareça, até mesmo à Índia. Em 2002, cerca de 37 mil toneladas da *black pepper*, produzida principalmente no Pará, também no Espírito Santo e na Bahia, foram exportadas, correspondendo a uma receita de 58 milhões de dólares.

Estes números não chegam a ser fantásticos nesse negócio, explicou-me Michail Wagapoff, importador e exportador de especiarias, russo naturalizado brasileiro. Mas é significativo o fato de um produto indiano, trazido para cá a suor e sangue, estar sendo enviado daqui para ajudar a suprir aquele mercado. O Brasil é o quarto maior produtor de pimenta-do-reino, depois da Índia, da Indonésia e do Vietnã – não é pouca coisa, não. Seu cultivo em larga escala, aqui, começou em 1930, com uma colônia de imigrantes japoneses que se instalou no meio da floresta, em Tomé-açu, a trezentos quilômetros de Belém, levando mudas adquiridas no Sri Lanka, durante escala na viagem ao Brasil.

A canela, por sua vez, que se estendia por quase todo o litoral brasileiro no século XVII, hoje é importada de Java para atender ao consumo da casa. As sementes de urucum, *annato seeds*, como são negociadas – obtidas dos frutos de belas árvores que se estendem das Guianas à Bahia – atualmente chegam da Costa do Marfim. As *capsicum*, que aqui reinam e foram multiplicadas por muitos lugares, têm na Índia o principal produtor e exportador – outra ironia –, mas cinco mil toneladas das frutinhas, em média, saem anualmente do Pará para o mercado externo.[17] Embora em pequenas quantidades e de forma irregular, a Bahia exporta a pimenta-da-jamaica. O dendê, abrigado no litoral baiano, ocupa hoje quinze mil hectares de terras ao sul, na chamada Costa do Dendê. Apesar da tradição de plantio e do uso do óleo na culinária, a Bahia perdeu para a Amazônia a liderança do cultivo.[18] No *ranking* dos maiores produtores do dendê, o Brasil ainda ocupa um modesto 11º lugar; e como exportador, nem aparece nas estatísticas.[19]

Viagem ao fabuloso mundo das especiarias

Como o dendê, o cravo brasileiro, cultivado na Bahia, tem um imenso potencial, "desde que o produtor se preocupe em secá-lo melhor, para que ganhe o tom marrom-bronzeado apreciado lá fora", explica Wagapoff. Sutilezas do mercado, delicadezas no acabamento do produto, compreensíveis, ainda mais se tratando de uma especiaria que é flor. Os cravos que atendem à demanda internacional[20] são produzidos na Indonésia, no Sri Lanka, em Zanzibar, Madagascar e, ainda, nas Molucas, sua terra natal. Os cigarros *kretek* ou *gudan*, aromatizados com a especiaria e tão apreciados no Oriente, consomem – surpresa! – 85% da produção mundial. As moscadas, por sua vez, perderam expressão nas Molucas. Quem ganha dinheiro com elas são os produtores das ilhas Granada, no Caribe. O gengibre fresco de São Paulo e do Espírito Santo e a pimentinha-rosa da aroeira, cultivada no Pará, são produtos que flutuam na pauta de exportações, dependendo da safra, da economia mundial e da lei da oferta e da procura pelo melhor preço. O Brasil corre para acompanhar a passada veloz dos concorrentes.

Mundo doido e flutuante, não? A Turquia é muito ativa nesse mercado, mantendo a tradição que vem lá dos tempos de Constantinopla: seu forte são as sementes de cominho, coentro e funcho, e divide com Grécia e Egito o filão das ervas mediterrâneas secas. A França tem a Provence, exportando suas ervas embaladas com o maior charme, atraindo milhares de turistas seduzidos por seus cheiros e cores. O maior produtor de baunilhas ainda é o México, na região de Vera Cruz, seguido por Madagascar e Porto Rico. O Líbano abastece as prateleiras de importados dos nossos supermercados com pastas de *tahine*, água de rosas, de laranjeiras, conservas de folha de uva. Nas mais sofisticadas lojas do mundo, lá estão os *curries* da África do Sul e as favas da Venezuela. Os Estados Unidos, mais precisamente a Califórnia, surpreendentemente, competem com o mercado mediterrâneo na produção do azeite de oliva, fio de ouro que cai sobre os nossos pratos e que os habitantes do planeta parecem não economizar – 460 milhões de galões são negociados anualmente no mercado.

NOZ-MOSCADA

Myristica fragrans (Myristicácea)
Nutmeg (ing.) · muscade (fr.) · nuez moscada (esp.)
ILHAS MOLUCAS

Árvore de grande porte, frutos que lembram damasco, com caroços como nozes, revestidos por um arilo carnoso, o *macis*.

NATUREZA

Morna, picante, aromática, sabor adocicado, amadeirado, um pouco canforado.

O termo *Myristica* tem origem no grego *myron*, bálsamo, unção, e *fragrans*, perfumado, aromático. Os mediterrâneos conheceram essa pequena maravilha por meio dos mercadores árabes, nos primeiros séculos da era cristã. Chegou com mais fartura às mesas ocidentais apenas no século XVI, quando os portugueses conquistaram o monopólio de seu comércio nas Molucas. Os europeus enlouqueceram com a especiaria: a história registrou a *overdose* de uma *lady* inglesa, em 1576, que consumiu de dez a doze nozes e foi acometida de "delírios inebriantes". Não se sabe se repetiu a experiência, aprendeu a usar o condimento ou partiu desta para melhor, numa boa.
Reza a magia, a noz é especiaria protetora.

COZINHA

Ralada finamente, na hora, a namuscaba dos nordestinos perfuma peixes e carnes, queijos, fondues, frutas cozidas, legumes, molhos, omeletes, sopas, bolos e biscoitos.
Tempera os pratos de carne muçulmanos.
A película que a recobre, *macis* como a chamam os franceses, ou *mace*, os ingleses, ou ainda *potri*, os indianos, é a parte mais valorizada, fresca ou seca.

USOS

O molho à bolonhesa inclui a noz ralada: feito com carne moída de vaca e porco refogada no azeite, com alho, vinho tinto, tomate, tomilho ou orégano.
A mistura *quatre épices* dos franceses tempera carnes e aves: noz-moscada, pimenta-do-reino, cravo e gengibre em pó.

Depois de terem sido tingidas pelo sangue de tantos povos, por séculos, nas disputas para obtê-las, as especiarias perderam as fronteiras, colorindo e perfumando a grande cozinha do mundo.

As espécies brasileiras parecem destinadas a ganhar espaço nesse universo dos sabores e dos remédios que envolve interesses cada vez maiores. O acervo natural da última grande floresta do mundo, a amazônica, certamente guarda muitas surpresas – e caberá ao brasileiro garimpá-lo. Por enquanto, há um enfoque maior na descoberta de espécies medicinais, mas quem sabe dessas matas poderão surgir novas especiarias? A gastronomia não descobriu a fava *tonka* venezuelana?

Bilhões de pessoas no mundo consomem mais de um milhão de toneladas de especiarias por ano, ou seja, não vivem sem elas, são loucas por elas, tanto quanto no passado. O Brasil tem um imenso potencial para crescer no ramo, como creem os especialistas e insistia D. João VI. O velho amalucado comedor de frango sabia das coisas, ora se sabia!

🌿 Notas

1. Por um erro repetido em muitas fontes, o Pamplemousse das ilhas Maurício foi identificado como Gabrielle, que ficava nas Guianas.
2. Pierre Poivre (1719-1786, Lyon) morreu quatorze anos após ter retornado da ilha. Sua história ainda hoje é contada e recontada por vários autores.
3. Chamada também de *Thai grapefruit – Citrus grandis*.
4. Em 1530, Martim Afonso de Souza trouxe as primeiras mudas, plantadas na capitania de São Vicente, onde foi construído o primeiro engenho de açúcar do Brasil.
5. Braga, *Plantas do Nordeste, especialmente do Ceará*.
6. Câmara Cascudo, *História da alimentação no Brasil*.
7. Simonsen, *História econômica do Brasil*.
8. Anil ou anileira, *Indigofera anil*, leguminosa da Índia aclimatada aqui; de sua vagem se extrai o corante azul, sem sabor ou cheiro, usado, no passado, como corante e enxaguante de roupa branca.
9. Bernardino Antonio Gomes (1768-1823) chegou, em 1797, como cirurgião da Armada Real e aqui passou quatro anos e meio, estudando as propriedades medicinais de espécies usadas pelos índios, entre elas a ipecacuanha (*Ipecacuanha fusca*), a andá-açu (*Johannesia princeps*), a mangabeira e o cravo-da-terra. O cultivo da canela no Rio de Janeiro e seus usos medicinais mereceram vasto capítulo de sua obra.
10. Aclamado rei em 1816, após a morte da mãe, D. Maria I.
11. J. Barbosa Rodrigues, em *Hortus Fluminensis*.
12. Jasmim ou flor-do-imperador, *Olea fragrans*.
13. O alemão Johann Moritz Rugendas (1802-1858) chegou, em 1821, com a Expedição Langsdorff, como desenhista e documentarista; em 1834 publicou *Voyage Pittoresque dans le Brésil*.
14. *Hortus Fluminensis*.
15. Sementes produzidas pelo Real Jardim Botânico foram enviadas para hortos da Rússia, França, Alemanha, Estados Unidos, Inglaterra, Itália, Java, Austrália, Trindade, Ceilão, Bélgica, Suíça, Espanha, Egito, Cuba, Sérvia, Romênia, Peru, Venezuela, Suécia, Oceania, Jamaica, Calcutá, China, Áustria, Portugal, Argélia e ilha Samoa (*Hortus Fluminensis*).
16. A transformação do Jardim Botânico em centro de estudos botânicos começou com Barbosa Rodrigues: aos poucos surgiram os viveiros de plantas, o herbário, as estufas, as aleias, a biblioteca,

NOZ-MOSCADA

Saúde

Óleo rico em miristicina, potente estimulante do sistema nervoso. Usada como tempero, melhora o humor; em excesso, pode causar problemas, adverte Botsaris.
Antisséptica, adstringente, anti-inflamatória, antibacteriana, antifúngica, antioxidante;
reduz o colesterol, ajuda a quem sofre de diarreia.
Na medicina chinesa, regula e favorece o *Chi* – o centro de energia, pouco abaixo do umbigo.
Na tibetana, é uma das Seis Coisas Boas, preciosa nas doenças do coração e, principalmente, nas mentais.
Registrada na FDA.

e plantaram-se mais espécies, que passaram a ser estudadas. Em 2001, tornou-se Instituto de Pesquisas Jardim Botânico, autarquia do Ministério do Meio Ambiente, para "promover, realizar e divulgar o ensino e as pesquisas técnico-científicas sobre os recursos florísticos do Brasil etc." (art. 2º da Lei Federal nº 10.316, de 6 de dezembro de 2001).

17. A exportação brasileira de *capsicum* representa 10,9 milhões de dólares/ano.

18. Dendê na Amazônia – total de 38.300 hectares plantados; Pará, 32.000ha, Amapá, 4.300ha e Amazonas 2.000ha. Nessa região, o clima é muito propício ao cultivo, e as terras ainda são baratas. A Bahia pretende ocupar mais 12.000ha, ao sul, com o cultivo da palmeira.

19. Os dez maiores cultivadores do dendezeiro: Malásia, Indonésia, Nigéria, Colômbia, Costa do Marfim, Tailândia, Papua, Equador, Costa Rica e Honduras.

20. Demanda internacional de cravo: 130 mil toneladas/ano; exportação brasileira em 2002: 4.135.; receita de 23,5 milhões de dólares (OI-Peppertrade).

Em terra boa, onde tudo brotou do chão, a comida haveria de ser mesmo farta e extravagante. Se os acepipes indígenas pareceram insossos aos portugueses, não fosse pela pimenta, o resultado da mistura dos vários sabores nativos e estrangeiros resultaria numa culinária exuberante, condimentada, repleta de molhos e cheiros, variada nas formas de preparo. Logo nos primeiros momentos de convívio entre brasis e portugueses, suas comidas se renovaram, uns aprendendo com os outros. O índio comia a pimenta geralmente inteira e seca, misturada com a farinha, o português preferiu usá-la nos seus molhos. As índias aprenderam outras formas de cozinhar: Câmara Cascudo acredita que o *nhambi* (do tupi *ya'mbi*), planta de comer, a tal que se parece com o coentro[1] e que o português chamou coentro-de-caboclo, foi adicionada aos alimentos indígenas somente após terem conhecido os usos da espécie mediterrânea.

8. Sabores do Brasil: pimentas dos

Se os portugueses amavam o sal, os índios não eram muito chegados a este sabor, embora algumas tribos do litoral o obtivessem representando água do mar. A popularização do condimento deveu-se, portanto, ao colonizador. A *juquitaia*, a pimenta seca pilada com sal, tinha emprego parcimonioso e não para conservar carnes, pois para isto os índios tinham desenvolvido uma técnica especial: moqueá-las (tostá-las sem deixar queimar). Em compensação, ficaram loucos pelo açúcar da cana, que lhes levou os dentes. O cardápio indígena foi perfeitamente assimilado pelo estrangeiro: as caças e os peixes, a mandioca e o palmito, as frutas. À medida que foi se aculturando, o índio experimentou as carnes do branco, como a de porco. Antes, comia o caititu (porco-do-mato) e a capivara (porco-d'água), que, por sua vez, o português assou e comeu. Ao contrário de indianos e muçulmanos, que não comiam isso ou aquilo por motivos religiosos, o português comia de um tudo, e sem culpa, lambendo os bigodes.

160

Viagem ao fabuloso mundo das especiarias

Os gostos e ingredientes trazidos pelos africanos enriqueceram as comidas da terra: o inhame, o quiabo, a vinagreira, a galinha-d'angola, os amendoins, a predileção pelas comidas úmidas de leite de coco e dendê, sem falar das pimentas, pimentinhas e pimentonas. As negras, zelosas de seus modos e preparos, os introduziram, pouco a pouco, à mesa dos patrões, seduzindo-os para sempre.

A culinária da colônia era uma babel de sabores e modos de preparo. Os vermelhões dos pratos europeus do século XVII, com aquele exagero de cravos e açafrões, se repetiam aqui, nas comidas da elite portuguesa, em que se misturavam, sem cerimônia, ingredientes europeus e asiáticos e as novidades da terra, sem faltar as pimentas dos índios. O pintor e

ÍNDIOS E EXUBERÂNCIAS D'ALÉM MAR

paisagista Jean Baptiste-Debret,[2] em seu *Viagem pitoresca e histórica ao Brasil*, que produziu no período em que aqui viveu, entre 1816 e 1831, conta que a comida brasileira era quase intragável, tal a quantidade de especiarias, pimentas e do "mato que põem em tudo", o coentro-de-caboclo. Como se isto não bastasse, o coentro europeu, belo e formoso, com seu cheiro de percevejo, lá estava, nos pratos, fresco ou seco, em folhas ou sementes. Uma comida sem um matagal de coentro era um amor sem beijo, goiabada sem queijo, prato sem alma – costumes, minha gente, costumes que, felizmente, o tempo levou.

A sorte de Debret é que a arruda[3] mediterrânea, de cheiro forte e enjoativo, que chegou a ser utilizada na culinária de gregos e romanos, no Brasil, pelo menos, escapou de virar condimento. Teria feito uma dupla e tanto com o coentro, já pensou? As negras, sábias, preferiam a "erva de arruda" como amuleto, enfiada no turbante, no decote, atrás da orelha, no nariz.

ORÉGANO

Origanum vulgare, O. sativum (Labiada)
Oregano (ing.) · *origan* (fr.) · *orégano* (esp.)
MEDITERRÂNEO

Erva-irmã da manjerona, cerca de trinta espécies
perenes e rasteiras, com muitos ramos, folhinhas
pequenas e flores de verão em tons de rosa.

NATUREZA
Fresca, picante, sabor ligeiramente amargo, bastante
aromático.

O nome vem do grego *oros y ganos*, alegria da montanha.
Imagino montanhas verdes e jardins de pedras
recobertos por essa erva tão perfumada e querida dos
mediterrâneos e que, no Brasil, conhecemos por intermédio dos portugueses, mas aprendemos a apreciar
ainda mais com os italianos.
Já era preciosa na medicina grega, levada para todo
canto pelos romanos à época de suas conquistas.
Perfumou vinhos de especiarias, os cordeiros grelhados dos gregos, os banhos revigorantes, floriu nos
jardins medievais, tratou coqueluche, tosse convulsiva
e problemas de pulmão.
Os americanos o conheceram como manjerona selvagem, mas, após a Segunda Guerra, familiarizados
com seu uso, na Europa, passaram a adotar o nome
orégano.

COZINHA
As folhinhas frescas ou secas são amplamente empregadas nas massas – é a erva da pizza –, molhos, carnes
e frangos, carneiro e porco, omeletes e legumes, azeites
balsâmicos; secas, também no salmão e no atum, polvi-
lhando torradas e pães, nos molhos para saladas.

USOS
Orégano e outras ervas frescas podem ser secos em
casa. Evite lavar as folhinhas, limpando-as com pano
ou papel de cozinha seco.
Amarre os galhos e os pendure de cabeça para baixo,
à sombra, ou os deixe sobre papel de pão, em local
arejado.

As brancas portuguesas, aos poucos morenas por
força do sol e da estreita convivência com as escravas,
com o amalgamento de interesses e as curiosidades
despertadas, "escondiam os galhos, zelosamente,
entre os seios", como registrou o francês.

Se a arruda não estava nos pratos, ervas, folhas e
sementes em profusão, além dos coentros, não lhes
faltaram: alecrins, manjeronas, hortelãs, oréganos e
manjericões, salsas e cebolinhas, que os portugueses
chamavam "cheiros", e de onde saiu o termo cheiro-
verde. Réstias de cebolas e alhos estavam sempre
penduradas nas cozinhas, o louro dos quintais fornecia folhas e sombra, os grãos de cominho e mostarda eram comprados a mão-cheia dos camelôs de
especiarias que, com seus tabuleiros, passavam cantando e chamando a freguesia, colorindo de sons e
enchendo de cheiros as ruas da colônia.

Canelas, cravos, gengibres, moscadas, tudo o que
aqui chegou e cheirou bem foi para as panelas, temperando as comidas do povo – arroz e feijão, mandioca, carne-seca, carne de porco, toucinho, milho,
quiabo (o principal legume) e a doçaria. O exagero
da pimenta, que fazia queimar o estômago, fez surgir o costume de se chupar laranjas às refeições para
"acalmar a irritação da boca já cauterizada pela

pimenta", como escreveu o pobre Debret, que parece ter sofrido um bocado com os costumes alimentares da terra. A pimenta-do-reino, entre nós, nunca gozou do prestígio da malagueta. É compreensível: nossa pequena ardia para valer, era a figurinha mais fácil, suculenta e bonitinha dos matos e hortas e, de quebra, levantava o moral daquela gente curiosa de tudo provar e de tudo obter prazer – uma das características do que viria a ser o tal temperamento brasileiro.

Pimentas do Brasil, da África e da Ásia se encontraram na colônia e conviveram por algum tempo, entre os séculos XVI e XVII. Além de todas aquelas qualidades que já sabemos, tinham imenso prestígio como amuleto para afastar maus espíritos. Eram amarradas, nos galhos, à porta das casas e das cozinhas, para afastar os ditos-cujos. Nas plantações, tiras de pano vermelho eram presas aos arbustos para garantir a distância regulamentar das almas penadas que, sabe-se lá por que, fogem das frutinhas – costume que ainda persiste em certas regiões, como no Ceará. Os escravos chegaram a plantar a *Aframomum* na Bahia, mas, como vimos, a abundância das espécies brasileiras relegou-a ao desaparecimento. A espécie vendida pelas negras, nas ruas, como pimenta-da-costa foi lembrada em

ORÉGANO

Secando no forno, mesmo em temperatura baixa, há perda de sabor.
Não é preciso esperar que fiquem esturricados para guardá-los nos potes.

SAÚDE
Os óleos essenciais são ricos em polifenóis, que protegem as células, inibindo o envelhecimento.
Propriedades: aperitiva, digestiva, antiviral, anti-inflamatória, levemente diurética, antidiarreica, antifúngica.
Na medicina popular, faz um ótimo chá para suar, bom para resfriados, tosse, para expectorar.
Alivia desconfortos urinários.
Uso moderado durante a gravidez e a lactância.

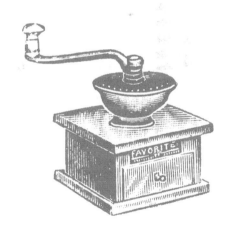

A preta do acarajé, de Dorival Caymmi, o intérprete das belezas e costumes da velha Bahia de São Salvador. Saravá!

> [...]
>
> Na sua gamela
> Tem molho cheiroso
> Pimenta-da-costa
> Tem acarajé
>
> [...]

BAHIA, A ÍNDIA DO NOVO MUNDO

Ah, Bahia, terra da felicidade! Bahia, terra dos temperos, de verdade, onde vivi por dois anos, apaixonada por todos os seus pratos, por sua gente, por seus santos e suas pimentas, que afogueavam os cozidos e as moquecas de Antonio Medrado, meu namorado de moçoila e amigo de vida inteira. A arte culinária baiana vem de longe, desenhada lá no passado, à época em que São Salvador era a primeira capital do Brasil. As cozinheiras negras souberam lançar mão dos tantos condimentos aos quais tiveram acesso. Rindo e cantando ou remoendo o banzo que, às vezes, as debilitava e matava, fizeram nas panelas sua alquimia redentora, reencontrando-se com sua terra, seu povo e seus deuses, aprendendo a brincar com os cheiros portugueses, árabes e indianos, enquanto mexiam os ingredientes com a colher de pau, provando os bocados na mão.

A comida baiana traduziu perfeitamente a abundância de ingredientes disponíveis na época. A terra dos vatapás e carurus, das moquecas douradas de dendê, da profusão de folhas e

Viagem ao fabuloso mundo das especiarias

legumes, dos acarajés, das panelas cheirando a cravo, canela, coco e ervas estava destinada a ser a nossa Índia: Salvador foi capital até 1763, e as especiarias do mundo chegavam às suas cozinhas com fartura, desembarcadas nos portos pelos navios de carreira que faziam a rota da Índia. As naus deixavam toneladas de cravo, canela, massas aromáticas, benjoim, gengibre, almíscar e noz-moscada suficientes para entorpecer toda a Bahia.[4]

Enquanto isso, os africanos plantavam o *ndende*, ou *dendém*, nos arredores da cidade e no Recôncavo. Foi como um "rasto de pórva", como diria o caboclo. O dendê se alastrou por toda essa região e litoral sul da Bahia. Os coqueirais, por sua vez, foram subindo, beira-mar, em direção ao norte, fornecendo a fruta e o leite imprescindíveis aos pratos afro-baianos. Nenhuma outra cozinha brasileira absorveu com tanta naturalidade esse vasto acervo de temperos: coisas pouco usadas em outras regiões, como o gengibre, por exemplo, aí foram adotadas. A raiz, ralada crua, foi misturada ao amendoim e à castanha de caju moídos, ao pimentão, ao coco, às cebolas, às folhas e às pimentas, sem qualquer timidez.

Cravos, canelas e moscadas saíram dos doces para os salgados e as receitas se sofisticaram em torno dos cultos negros, ganhando os tons do dendê – afinal, os orixás, *gourmets* das florestas africanas, não comiam sem ele. No século XVIII, os pratos de peixes nadando em leite de coco e dendê, coloridos de coentros, cravos e pimentas, estavam nas mesas dos brancos ricos, como pleno reconhecimento do extraordinário talento das negras, alçadas a *chefs* absolutas dos casarões. Embora Rio, Pernambuco, Minas e São Paulo tenham recebido grandes levas de escravos, na Bahia sua comida conservou, mais que qualquer outra, a alma africana.

Olinda era escala na rota dos navios que chegavam da Índia e, além disso, havia navegação regular entre Luanda e Recife, o que significa que a culinária de Pernambuco nasceu rica e colorida. Nos seus portos, desembarcavam todas as especiarias. A cana-de-açúcar já se espa-

Rosa Nepomuceno

SEMENTES DE PAPOULA
(sementes de dormideira)
Papaver rhoeas (Papaverácea)
Poppy seeds (ing.) · *coquelicot, pavot rouge* (fr.) ·
semillas de adormidera (esp.)
EUROPA, ÁSIA MENOR E ESTADOS UNIDOS

Planta de flores vermelhas que produzem frutos-cápsulas que guardam as minúsculas sementes.

NATUREZA
Morna, levemente picante e adocicada.

lhava por aí, no século XVI, impulsionando a doçaria que, no Brasil, alcançaria o esplendor no século seguinte. Os quitutes traziam todas as grandes especiarias, pimenta-do-reino, cravo, canela e erva-doce, noz-moscada, hortelã e alecrim, gengibre, açafrão, gergelim e alcaçuz,[5] a raiz agridoce que os índios chamavam *uruçu-huê*. Ao mesmo tempo que a cana se estendia pelo seu litoral, até o Rio Grande do Norte, Pernambuco se tornava o centro açucareiro da colônia, atiçando a cobiça da Companhia Holandesa das Índias Ocidentais, doida para apoderar-se da rendosa produção do açúcar e do pau-brasil da região. Em 1624, os holandeses aí desembarcaram.[6] Por algum tempo, sob incessantes lutas com os portugueses, Maurício de Nassau obteve o controle da produção dos engenhos. Uma das marcas do Brasil holandês é a fabricação, em larga escala, nas fazendas, dos doces cristalizados que abasteciam a colônia, feitos com frutas como laranja e cidra e especiarias.

A intimidade dos holandeses com aclimatação, cultivo e comércio de especiarias era grande: con-

Viagem ao fabuloso mundo das especiarias

trolavam as Molucas e tinham cultivado espécies exóticas nas ilhas Maurício. Entretanto, sua contribuição na culinária pernambucana ficou mesmo na doçaria. Índios, portugueses e negros deixaram marcas mais profundas. A cozinha do Maranhão, onde os jesuítas plantaram tantas canelas e cravos, também quente e colorida, é cheia de ervas e pimentas. A amazônica traz mais fortes as heranças indígenas, sem dúvida, com peixes, folhas e pirões. O tacacá é um dos pratos típicos, um mingau feito de tapioca (farinha da goma da mandioca) e tucupi,[7] misturado às pimentas, camarão seco, alho, sal e folhas do jambu.[8] Sua origem é uma papa que os índios chamavam *manipori*.

VARIEDADES E SUTILEZAS

Descendo no mapa, a comida brasileira adquire cores mais suaves, características mais sutis. Dos temperos, predominam a salsa e a cebolinha, louro, pimentões, cebolas e alhos. Cravos e canelas, destinados aos doces; moscadas e pimentas, usadas com menos extravagância. Em Minas, os temperos pilados no almofariz dão personalidade a uma

SEMENTES DE PAPOULA

A família é grande, cerca de cem espécies, mas a *rhoes* é uma das quatro ou cinco mais cultivadas, entre as quais está a papoula do ópio (*P. somniferum*). Conhecida de gregos e romanos, foi oferecida a Hera (Juno dos romanos), mulher de Zeus, deusa diligente e sagaz, protetora da casa e da família.

Há muito a usam os povos do norte da África, Oriente Médio e Índia. Seu reino, entretanto, são os campos europeus e turcos, formando belíssimos tapetes vermelhos quando floresce.

No século XVIII, nos tratados de medicina ocidentais, as sementes foram citadas para tratar problemas de pulmão, bronquites e tosses secas, assim como registradas as propriedades venenosas e narcóticas de suas flores.

As sementinhas são amarelas, preto-azuladas ou pardas.

COZINHA

Levemente tostadas, liberam melhor o sabor, que lembra o da amêndoa. Aromatizam discretamente pães, tortas e biscoitos, molhos de saladas, recheios de pastéis e empadões.

USOS

O óleo de sementes de papoula prensado a frio, que os franceses chamam *huile d'oeillette*, com seu leve sabor de amêndoas, é condimento delicado para saladas, pães, tortas etc.

SAÚDE

Os alcaloides contidos na flor e na semente da *rhoes* são semelhantes aos da papoula do ópio, incluindo morfina, em pequenas quantidades. Foram usadas por longo tempo, na Europa, principalmente como sedativo para nervosismo, irritabilidade e insônia. Botsaris ressalta que, usadas como tempero, a quantidade de alcaloides é mínima e seus efeitos no cérebro imperceptíveis.

comida forte, de carnes, linguiças e gorduras de porco, acompanhada por pimentas malaguetas curtidas na cachaça, herança dos negros. Os imigrantes italianos acentuaram, especialmente em São Paulo, onde se concentraram, o gosto pelos condimentos mediterrâneos –
manjeronas e alfavacas, oréganos, funchos, sálvias e azeite de oliva. Desprezaram o coco, o
dendê e o excesso de pimentas, embora a malaguetinha vermelha, que já conheciam da
Europa como *peperoncino rosso*, tenha sido incorporada, seca e filetada, com o nome de
calabresa – indispensável nos molhos *alla arabiatta*. O mundo dos temperos se fez na base
do leva e traz e acrescenta: os italianos chegaram aqui e acabaram por nos ensinar uma outra
maneira de usar a nossa pimenta.

Bandeirantes e tropeiros paulistas que avançaram pelo interior, desde o sul do país, em
direção ao oeste, levando tropas de mulas e gado, difundiram uma cozinha nutritiva e práti-
ca, feita no fogo de chão, à base de banha de porco, com farofas e carne-seca, queijos, vira-
dos de ovos e, sempre, louros, salsas, pimentas, cebolas, manjeronas e sementes de urucum.
No sul, onde o funcho se aclimatou e é cultivado comercialmente como erva-doce nacional,
as sementes são mais usadas nos doces que nos salgados. Nas carnes de todo dia, charques,
toucinhos, linguiças, frangos, carneiros, tão apreciadas dos homens da fronteira, os temperos
dominantes são a cebola e o alho, o pimentão e o louro, a manjerona e a pimenta-do-reino,
além dos cheiros-verdes. O *chimichurri* é o molho afinado com o seu paladar.

O Rio de Janeiro, sede do poder por tanto tempo, sob o prestígio econômico e cultural que
experimentou, especialmente até 1960, teve acesso a todos os ingredientes e, aos poucos,
minimizou seus usos e a influência negra, fazendo uma culinária menos pesada, mais cos-
mopolita, por conta do convívio constante com estrangeiros. Abrigou desde sempre, em sua
hotelaria, cozinheiros europeus que contribuíram para manter a cozinha atualizada com os
preceitos da gastronomia internacional. Dendês ficaram restritos aos pratos da culinária

regional baiana, mas as pimentas continuaram íntimas da feijoada, prato herdado do africano que, nas senzalas, aproveitou todo pedaço de carne para enriquecer seu feijão-preto, que tornou mais digestivo, perfumando-o com as sementes de cominho, de coentro, com as folhas de louro e as frutinhas ardentes.

Alhos, cebolas e azeites, tão ao gosto dos iberos, o louro e muitas ervas mediterrâneas não faltaram aos pratos da nossa cozinha popular. É bem verdade que temperos italianos não foram tão prestigiados no Rio quanto em São Paulo – a alfavaca ou a sálvia, por exemplo. Muito me alegrei, portanto, quando minha amiga Noemi Bittencourt trouxe-me uma muda de alfavaca que, na minha janela, virou uma pequena árvore. É difícil ver a erva no Rio e, a bem da verdade, Noemi é paulista de boa cepa, que arranjou um jeito de cultivá-la no jardim de seu prédio em Botafogo.

ADEUS ÀS HORTAS, DE VOLTA ÀS ERVAS

No século XX, especialmente a partir dos anos 1940, mais especialmente nos 1950, com a industrialização acelerada do país, hordas de agricultores trocaram seu canto nas roças pelo trabalho nas fábricas, as casas da cidade deram lugar aos pequenos prédios de apartamentos, os quintais substituídos pelas áreas de serviço, as ervas da horta reduzidas aos maços de salsa e cebolinha, de hortelã e coentro, comprados na feira. A hortelã limitou-se às canjas de mulher parida, aos quibes, aos chás para crianças com vermes e para melhorar mal-estar de gripe. Coentros foram destinados aos peixes. Alecrins, pouco lembrados no dia a dia, para peixes e frangos. As ervas frescas, aos poucos trocadas pelas secas, compradas em saquinhos e vidros, o molho de tomate trabalhoso, com tantos ingredientes, trocado por uma latinha, vapt-vupt. Num país novo como o Brasil, criança curiosa que passou a ter nos Estados Unidos o principal modelo de desenvolvimento, tudo isso aconteceu rápido demais.

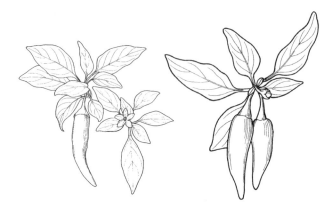

PIMENTAS

(malagueta, dedo-de-moça, cumari, murupi, pimenta-de-cheiro, americana, pimenteira, pimenta vermelha, pimenta-de-caiena)
Capsicum brasilianum, C. frutescens, C. odoriferum
Chilis (ing.) · piment, piment de cayenne (fr.) · chilis, pimiento, ají (esp.)
AMÉRICAS CENTRAL E DO SUL – BRASIL

Plantas arbustivas bem ramificadas, com frutinhos multicoloridos e multiformes.

NATUREZA
Quente, muito picante, agridoce, aromática.

O botânico Liberty Bailey quase jogou a toalha ao tentar entender o vasto mundo das pimentas americanas, descoberto por Colombo em 1493.
Em *The Standard Cyclopedia of Horticulture*, de 1953, reconhece que "a pimenteira é uma extraordinária dificuldade do gênero para a sistemática, pelo grande número de espécies, variedade de folhagens, formas dos frutos etc."
Afora os nomes populares, que mudam de uma região para outra, ou melhor, de uma feira para outra: numa, a amarelinha redonda é pimenta-de-cheiro, na outra, olho-de-bode; aqui a vermelha redondinha é pimenta-cereja, ali, pimenta-pitanga. É melhor aceitar as identidades populares, afinal, é tudo fruta e tudo arde. Para elas, só há uma regra: quanto menor, mais danada. São as nossas verdadeiras pequenas notáveis.

A comida cotidiana do brasileiro foi ficando mais simples e desprovida de temperos.

Do exagero absoluto dos tempos da colônia, nossa cozinha passou a sofrer de uma espécie de amnésia condimentar, esquecida de como os cominhos combinavam com as carnes, a noz-moscada com os molhos e algumas sementinhas de cardamomo davam alma ao arroz-doce – coisas que não faltavam às cozinhas de cinquenta, sessenta anos atrás.

De volta às ervas, a partir dos anos 1980, com a nova cozinha dos franceses e a alimentação natural de influências macrobiótica e vegetariana – já sob a preocupação da comida saudável –, renasce aqui o interesse pelos temperos. Ervas e especiarias reaparecem, variadas, retomando seu lugar. Voltam a ser conhecidas, têm suas propriedades medicinais estudadas e divulgadas. As ideias da *nouvelle cuisine*, tornando a comida mais simples, inventiva e perfumada, aparecem até mesmo na comidinha rápida dos restaurantes a quilo, nas saladas de folhas e frutas, nos salmões grelhados com alecrim, nos molhos de ervas, nas tortas leves que pedimos em francês – as *quiches* –, no *revival* de ervas frescas, do orégano e da manjerona, do manjericão, tão querido dos italianos, do alecrim português.

Todas essas ervas de clima temperado estão nas feiras e supermercados, até mesmo o estragão, de hábitat gelado. Especiarias do Oriente estão ao nosso alcance, oferecidas a granel ou embaladas nas lojas de gastronomia cada vez mais sofisticadas: o anis-estrelado, os cardamomos, o feno-grego, o *sumac* e o *zahtar*, os azeites mediterrâneos e até mesmo os grãos de nigela, as pimentas-longas secas da Tailândia, os *curries* – que já vejo usados, com simplicidade, por exemplo, refogando abobrinhas, como faz minha filha – e um mundo de coisas inacreditáveis que estamos conhecendo e experimentando. Ao mesmo tempo, nas fabulosas lojas de temperos da Europa ou dos Estados Unidos, são encontrados os potes de conserva da nossa pimentinha-malagueta, os reluzentes vidros com a flor-do-dendê do Amazonas, a pimenta-do-reino do Pará, os cravos da Bahia.

Há tempo para descobrir todos esses temperos, sem pressa, um dia um, outro dia outro: um cravinho na panela de carne, um tico de noz-moscada sobre a omelete, um punhado de sálvia sobre aquele macarrãozinho na manteiga feito de improviso, folhinhas

PIMENTAS

COZINHA

Tempera feijão, peixes, carnes e aves, pratos de *sustância*, cozido, carne-seca, moquecas, rabadas, lombos de porco, os afro-baianos, caldos e molhos e até a doçaria – a novidade é a geleia de pimenta. Está nas cozinhas do mundo: no molho tabasco usado nos Estados Unidos, México, América Latina, China, Tailândia e Indonésia, nos incontáveis molhos asiáticos, africanos e da América Central, misturada ao peixe seco, às cebolas, ao alho e ao coentro.
Seca e em pó, a pimenta faz a páprica picante dos húngaros, o *pimentón* dos espanhóis, os *curries*; filetada, é a calabresa dos italianos.

USOS
Conserva:
Há receitas até usando cachaça, mas prefiro sem: pimentas variadas, lavadas, branqueadas – mergulhadas por um minuto em água fervente, em seguida em água gelada; cabinhos retirados, escorridas, vão para um pote esterilizado cobertas por azeite, 1 porção de óleo de girassol e 1 de vinagre branco, pouquinho de sal e folha de louro.
Reservar por um mês ao abrigo da luz e, neste tempo, conferir o nível de óleo e completá-lo, se necessário.

SAÚDE
A capsaicina, a substância picante, é considerada analgésica, anti-inflamatória, digestiva, ativadora da circulação, vasodilatadora. Faz suar, útil na gripe.
Segundo Alonso, em pesquisas feitas em Cleveland, os cremes elaborados com a capsaicina reduziram a dor em 50% dos pacientes com artrite reumatoide.
Estão também sendo estudadas suas qualidades rejuvenescedoras e protetoras do cérebro.
Desaconselhada para quem sofre do fígado, gastrite ou hemorroidas.
Cuidado na manipulação: podem provocar irritações na pele. Cautela especial com os olhos e no uso durante a amamentação – desconhece-se se os *capsaicinoides* passam para o leite.
Não foi provada propriedade afrodisíaca, apesar da fama. Aposte na fama.

de manjericão frescas na torrada (colhidas do vasinho cultivado na área de serviço), um galhinho da erva mergulhado no azeite de oliva que rega a comida das crianças. Testar, experimentar, assim surgem os pratos, assim se formam os gostos, assim a gente vai se divertindo com todos esses brinquedos que a natureza nos deu. Para começar a aventura condimentar, não deixe mofar na geladeira aquele macinho de salsa e cebolinha: até o arroz fica mais gostoso com elas, bem picadinhas. Não somos obrigados a gostar de todas. Há as amargas demais, como a vinagreira, as meio amargas, como a sálvia, as que cheiram como percevejo amassado, como as folhas de coentro, as muito adocicadas, como o manjericão, as impossíveis de se comer, como o tomilho, de haste e folhinhas duras. Umas picam a língua, como o gengibre, outras não foram feitas para ser mordidas, como o louro. Cada qual com seu dom de realçar o sabor dos alimentos.

No Brasil, estamos aprendendo, ou reaprendendo, a usá-las. A experiência é gostosa: tão simplesinhas e elas podem tornar nossos dias mais divertidos e perfumados, nos trazendo energia para tocar em frente, vencendo os mofos, as tristezas, a ansiedade e a falta de imaginação.

Notas

1. Coentro nativo, supõe-se que seja *Eryngium foetidum L.*
2. Debret chegou como pintor histórico, com a chamada Missão Francesa, da qual faziam parte, entre outros, o arquiteto Grand-Jean de Montigny, o gravador Pradier e o compositor Newcon.
3. *Ruta graveolens* perfuma o *bitter*, a bebida alcoólica amarga feita com especiarias e frutas. Segundo Debret, no Brasil colônia, a erva era usada para provocar aborto e garantir a esterilidade.
4. Câmara Cascudo.
5. Alcaçuz-da-terra, *Periandra dulcis*; arbusto nativo de várias regiões do Brasil, especialmente de Minas Gerais; da espécie europeia, *Glycyrrhiza glabra,* usa-se também a raiz.
6. Em 1621, os holandeses conquistaram o privilégio de comerciar com a América e a costa ocidental da África, e logo depois davam com os costados em Pernambuco, onde ficaram até 1654. Maurício de Nassau assumiu o governo da Nova Holanda em 1630, instalando-se em Recife.
7. Do tupi *tiku'pir*, "destilado", é um molho feito de manipueira (suco leitoso obtido do cozimento da raiz da mandioca-brava ralada e espremida) misturado às pimentas; está no famoso pato ao tucupi.
8. *Wulffia stenoglossa*, da família das compostas, chamada pelos índios *nhambu* (*ya'mbu*), deixa a língua dormente.

Parte 2

Aprendendo a temperar

Disse o mestre Câmara Cascudo que "jamais saberemos o processo obstinado e lento que determinou a união desses elementos – os cheiros, os condimentos –, que não são considerados alimentos, mas sabores, e que aumentam o prazer das refeições". A saga dos temperos e seus usos acompanhou o movimento dos homens e suas conquistas. Moveram mentes e mundos, enriqueceram reinos e levaram outros à falência. Terras foram descobertas, povos sangraram em mares distantes para que uma simples noz-moscada pudesse ser ralada sobre a caça de um monarca europeu ou que a flor do açafrão temperasse seu vinho e levantasse suas forças para o amor. Em nome de Cristo ou de Alá, de sultões ou de profetas, ou simplesmente do vil metal, todos os pecados foram cometidos na voracidade de conquistar esses bens.

As histórias mostram que as desimportantes folhinhas que vemos amontoadas nas barracas de feiras, os mínimos grãozinhos e toda essa miudeza de pauzinhos e frutinhas que jogamos em nossas panelas nasceram com os tempos e alcançaram dimensões inimagináveis. Sobreviveram aos transplantes, venceram adversidades climáticas e culturais e chegaram aos nossos pratos. Tornaram o mundo menor e mais aconchegante, perfumando as receitas de todos os povos.

🌿 As primeiras misturas

Até que o homem aprendesse a arte da delicadeza no uso das plantas saborosas, cheirosas, amargas, picantes, doces, azedas, macias, ásperas, duras, moles e suculentas que estavam à sua volta, milênios se passaram. Ao acaso, surgiram as misturas, ampliou-se o acervo de alimentos e de sabores. No Ocidente, os gregos foram os primeiros gastrônomos, notáveis no uso de espécies aromáticas. Tinham um admirável arsenal de temperos, conheciam o açúcar da cana asiática – a *saccharose*,[1] como chamavam o grão que se dissolvia na boca e enfeitiçava o paladar – e inventaram uma complexa mistura de especiarias com a qual temperavam tudo: o *garum*, pó de vísceras secas de peixes, sal e um mundaréu de condimentos amassados num almofariz, que podia incluir cebola, cominho, coentro, pimenta-do-reino, poejo, sálvia, cerefólio, tomilho, echalota, aneto, manjerona, cardamomo, erva-doce, zimbro, raiz-forte, sementes de papoula, segurelha, louro, menta, folhas de levístico.[2] Sem falar de outros, hoje desaparecidos das panelas, como a ênula,[3] as raízes de *silphium*[4] e de junco,[5] o nardo e as sementes da arruda.

Tal exuberância nos faz crer que, para sobreviver a um banquete, o pobre comensal tinha mesmo que ter um estômago de avestruz, mas mostra quantas espécies estavam à mão, pelo Mediterrâneo, espalhadas na natureza ou importadas de outras regiões.

PIMENTA-DO-REINO

(pimenta-negra, pimenta-da-índia)
Piper nigrum (Piperácea)
Black pepper (ing.) · poivre noir (fr.) · pimienta-negra (esp.)
SUDOESTE DA ÍNDIA

Planta trepadeira, de vastíssima família, produzindo pequenas bagas.

NATUREZA
Quente, picante, acre.

Entre as seiscentas ou setecentas *pipers* espalhadas pelo mundo, incluindo as asiáticas, africanas e as descobertas na América tropical, esta é a tal: simplesmente a mais preciosa das especiarias.
Por ela, povos se engalfinharam pelos mares, um continente foi descoberto. Pequenina, brilhante, surpreendente, ninguém resistiu a ela – acho que só mesmo os mal-humorados e os seus detratores, dizendo que ataca o fígado (pior que é verdade!).
Kala mirich, que os indianos põem para ferver e cuja água bebem para aprender a dizer não, fazer valer a sua vontade. A ela, entretanto, os povos só disseram sim.
Está nas medicinas mais tradicionais, na ayurvédica, na chinesa e na tibetana.

COZINHA
Colhidas verdes e secas ao sol, ficam enrugadas e escuras – são as pimentas negras, as mais consumidas; maduras, secas e descascadas, são as brancas, de sabor mais suave e preço mais alto; colhidas verdes e tenras, empregadas ao natural ou em conserva, fazem gemer sem sentir dor, são as extrafortes – particularidades que confundiram muitos viajantes, que pensavam tratar-se de espécies diferentes.
Maceradas ou moídas, de preferência na hora, nas carnes e molhos, peixes e ovos, sopas e recheios, dos pratos simples aos mais requintados.

Os romanos, com sua culinária-espetáculo de bichos empalhados em mel e especiarias, elevaram à quintessência o *non sense* gastronômico. Só eram comedidos com o açúcar da cana e com o sal, caríssimos – com este último, remuneravam os soldados, de onde se originou a palavra salário. Como os egípcios, conservavam seus alimentos com uma mistura de sementes de cominho ou alcarávia, coentro e vinagre. Essa extravagância condimentar, que ao mesmo tempo satisfazia a gula, alucinava, alimentava, adoecia e curava, pois os remédios estavam naquelas mesmas plantas jogadas nos caldeirões, marcou a culinária da aristocracia europeia por toda a Idade Média. As comidas eram temperadas com uma montanha de pimentas, açafrões, cravos e canelas. Os pães, perfumados com ervas e sementes, alho e cebola, canela e cravo.

Os temperos eram preciosos conservantes. Milênios mais tarde, final do século XX, o Instituto de Tecnologia Alimentar de Bonn, na Alemanha, provaria que a canela, o cravo, o orégano, os grãos de mostarda e o pimentão, entre outros, são de fato excelentes fungicidas para conservar o pão fresco, livre de mofos e fungos.[6] Quanto tempo seria preciso para provar o que o uso popular há séculos consagrara! Mas a ciência moderna, com seus verdes trezentos aninhos, quase sempre menosprezou a sabedoria popular e só agora começa a mudar essa postura.

O reinado dos cravos

Além de conservar as carnes, o exagero servia para disfarçar o sabor dos alimentos em processo de deterioração. Podemos imaginar os banquetes impressionantes preparados com semanas de antecedência, as caças lambuzadas em mel, vinho e condimentos que chegavam à mesa inteiras, às vezes revestidas de suas penas e peles, à guisa de decoração. "Cheiravam a podres, a canelas e cravos, abrindo os apetites dos vorazes comensais", escreveu Jean-François Revel, em seu *Um banquete de palavras*. Quanto mais se usavam as especiarias, mais elas eram apreciadas e desejadas no Ocidente.

Demorou um bocado de tempo até que a cozinha começasse a ganhar modos, o que aconteceu quando Veneza e Florença acenderam as luzes do Renascimento, no século XIV, e a florentina Catarina de Médici desembarcou na corte do futuro

PIMENTA-DO-REINO

Usos
Misturas coloridas:
Os franceses chamam *mignonette* a atraente mistura de pimentas-do-reino brancas e negras, amassadas ou moídas na hora, servidas à mesa. Costumo juntar também os grãos bronzeados e maiores da pimenta-da-jamaica e as sementinhas cor-de-rosa da aroeira – a pimenta-rosa.

Saúde
Usos milenares para ajudar a digestão, nas medicinas asiáticas.
As pesquisas apontam atividades estimulantes da circulação e protetoras do DNA das células. Botsaris frisa que o uso condimentar pode ajudar a reduzir a incidência de câncer e ainda auxilia o fígado a desintoxicar.
O uso prolongado e excessivo, entretanto, prejudica quem tem problemas de fígado, hemorroidas e inflamações intestinais.
Na medicina popular, para resfriados, tosse, dor de garganta, artrite reumatoide, diarreia.
É considerada afrodisíaca: estimula os tímidos nas cruciais questões do amor.

rei de França, Henrique II, em 1533, com seu batalhão de cozinheiros e pasteleiros. Foram introduzidos, a partir daí, novos costumes à mesa: comer de boca fechada, por exemplo, a sequência de pratos e o uso de talheres apropriados. Nesse tempo, nas duas ricas cidades italianas, aprendia-se culinária nas escolas de arte, da mesma forma como o desenho ou a pintura, e eram publicados os primeiros livros de gastronomia.

O primeiro, de receitas, em 1474, foi o de um nobre, Platino de Cremona, pseudônimo de Bartolommeo Sacchi, que o escreveu em latim. *De Honesta Voluptate et Valetudine* (Do honesto prazer e da boa saúde) ganhou tradução francesa, em 1505, e é, principalmente, um tratado de boa educação à mesa e sob este aspecto influenciou o modo de comer europeu, como reconheceu Brillat-Savarin,[7] no século XVIII, juiz apaixonado pelos prazeres da mesa, autor de *A fisiologia do gosto*. Não foram poucos os *experts*, como o árabe Ali-Bab, autor do magistral *Gastronomie Pratique*,[8] de 1927, a considerar que os cozinheiros de Catarina trouxeram novo impulso à culinária francesa. Para Revel, melhoraram os modos, mas a comida continuou sob forte influência árabe, vermelha de condimentos, a misturar salgados e doces com grande extravagância, e só a *pâtisserie* evoluiu, com os doces e cremes inventados pela trupe da rainha – ainda sem a baunilha, que não havia sido descoberta na América.

Como marco da modernização da culinária europeia, Revel prefere considerar o momento em que o colorido exagerado das especiarias arrefeceu nas panelas, os alimentos do Novo Mundo foram incorporados e os ventos da delicadeza começaram a soprar nas cozinhas, isto lá pelo final do século XVII e início do século seguinte.

Viagem ao fabuloso mundo das especiarias

ACABOU-SE O QUE ERA DOCE

Se, por um lado, nesse período, o destempero continuou, em pratos como sopa de ovos com açafrão, pimenta-do-reino e mel (ai, ai, meus sais de frutas!), ou no frango com frutas cristalizadas, em caldo de canela, já se fazia um franguinho frugal, temperado com manjericão. Usava-se ainda o *verjus*, molho agridoce feito com mel, folhas de vinagreira e suco de limão ou uva, mas já os molhos verdes eram feitos à base de azeites, limão e ervas. Os vinhos aromatizados com alecrim, manjerona e grãos, tal como os preparados pelos antigos gregos, mantiveram-se às mesas, assim como os pães condimentados, também com pimenta-do-reino.

Legumes e frutas da Índia e as novidades da América atiçaram a imaginação dos cozinheiros europeus. Novos pratos surgiram e, aos poucos, definia-se a tendência a uma maior simplicidade no preparo dos alimentos e uso dos temperos. Os ingredientes, amontoados nas panelas e cozidos no mesmíssimo caldo de especiarias, que conferia a todos o mesmo sabor, passaram a ser preparados separadamente. À medida que aumentava o acesso aos condimentos asiáticos, seu emprego exagerado saía de moda, virava coisa de deslumbrados de última hora, de novo-rico. Tudo já havia sido provado, de tudo abusado, e a influência árabe empalidecia nos pratos. O preço das grandes especiarias caía no mercado, especialmente o da canela. A pimenta-do-reino, entretanto, ainda foi usada como dote de jovens casadoiras por todo o século XVII. A entrada em cena das pimentas da América, que chegavam aos mercados, serelepes e a bons preços, se não chegou a abalar o prestígio da pimenta-negra, passou a ser opção atraente e bem mais barata.

181

Rosa Nepomuceno

A esse tempo, passado, presente e futuro ensaiaram o grande encontro ao redor da mesa que se daria no final do século XVIII, quando as influências e os alimentos das diversas culturas se mesclaram nas cozinhas. Surgiram em cena os *chefs* franceses – esses profissionais que nasceram para surpreender, reinventando maneiras de combinar ou descombinar ingredientes. Disputados nas cortes europeias, lançaram mão de ervas e especiarias sem os exageros de antes. Em *Les Délices de la Table*, de 1739, François Marin aconselhava discrição no sal, na pimenta-do-reino e nas especiarias e sua redução a "doses impalpáveis".[9]

A ideia ganhou força com Antonin Carême,[10] por volta de 1800. O maior cozinheiro de seu tempo, com prestígio para decretar o fim da comida de especiarias, da comida lança-chamas, que queimava de picante, conferiu novas funções a cravos e canelas, a açafrões e pimentas, relegados a lugares que passaram a ocupar na cozinha ocidental: discretos, apenas para encantar, sugerir sabores, jamais entediar ou chocar. O gênio, que morreu aos cinquenta anos, consumido pelo trabalho estafante à frente dos gigantescos fornos das cozinhas da aristocracia, acabou com o velho hábito de se usar os mesmos condimentos para tudo e a qualquer hora. Preocupou-se com a combinação dos alimentos, a harmonia entre os temperos, a inventividade e o acabamento dos pratos. Nesse momento, houve um retorno ao uso das ervas triviais, utilizadas frescas, também para decorá-los.

A cozinha de Carême foi a mais pura tradução da *haute cuisine*, e seus banquetes, acontecimentos que repercutiam por anos na elite europeia. É desse período a elegante e bem-humorada obra sobre a arte à mesa, de Brillat-Savarin. A máxima do autor: "O prazer de comer, praticado com moderação, é o único que não se acompanha de fadiga", mostra que, à época, já estava fortalecido o conceito da comida mais leve. Auguste Escoffier,[11] na segunda metade do século XIX, foi o primeiro grande *chef* de restaurante, do Hotel Ritz, num tempo em que a aristocracia se divertia comendo fora. Seus pratos requintados inovaram pela sim-

182

Viagem ao fabuloso mundo das especiarias

plicidade. Bolaffi explica seus méritos: "Eliminou os pesados contornos herdados do século anterior, substituindo-os por verduras cozidas simplesmente e acompanhadas por um punhado de salsinha para realçar o sabor."

Essa modernização, entretanto, não chegou a todas as cozinhas. A espanhola manteve-se impermeável às influências francesas, preservando suas receitas árabes, com açafrão, ainda mais vermelhas com os pimentões da América. Em Portugal, as pimentas do Brasil trouxeram mais ardor à culinária de nobres e plebeus, inundada de azeites, com muitas cebolas, alhos e ervas, marcas das andanças de seus filhos pelos quatro continentes.

NOVOS ARES, NOVOS PERFUMES

No século XX, a industrialização de alimentos e a grande mudança de hábitos da população urbana nos países ocidentais aos poucos simplificaram preparos, reduziram o uso de ervas, aposentaram requintes e todo o artesanato culinário. As donas de casa passaram a dispor de um vasto arsenal de produtos prontos para usar, molhos de tomate e sucos de frutas, ervilhas e milho em lata, as conservas, os congelados – supremo conforto, modernidades recebidas com grande entusiasmo. Essa despersonalização gradativa do alimento, a praticidade incentivada pelo modo de vida americano, o advento dos sanduíches, das pizzas prontas e das refeições rápidas, relegaram receitas tradicionais e mais trabalhosas ao esquecimento e muitas ervas às touceiras do passado.

Entretanto, nos países europeus de longínquas tradições culinárias, os produtos à mão nos supermercados não abalaram o gosto pela comida artesanal e pelas ervas, sempre presentes nos pratos, dos mais simples aos mais sofisticados, perfumando da torrada aos assados. Estas passariam a ser apreciadas sob novos ângulos.

SALSA

Petroselinum sativum; P. crispum (Umbelífera)
Parsley (ing.) · persil (fr.) · perejil (esp.)
MEDITERRÂNEO

Plantinha herbácea de folhinhas lisas ou crespas,
bordas rendadas.

NATUREZA
Morna, doce-amarga, aromática.

As bruxas a usavam nas poções para voar, o que me
dá certeza de não ser uma delas. Apesar da quantidade
da erva que uso nos pratos, nunca levantei um centí-
metro do chão. Voo à vontade na imaginação, pelos
jardins dos tempos passados e futuros.
Desde a Antiguidade expandida por toda a Europa e
África mediterrâneas até a Ásia, foi das mais usadas
por gregos e romanos na sua medicina, especialmente
como estimulante cerebral.
É a erva de Perséfone, a deusa do mundo subterrâ-
neo, aquela que transformou a ninfa Menta na planta
rasteira. Foi usada nos funerais para purificar o ar e
facilitar o trânsito do morto para o outro mundo.
Herbalistas medievais diziam que "multiplica o sangue
do homem" – as pesquisas apontaram ferro entre suas
propriedades.

COZINHA
A erva mais usada na culinária mediterrânea, fresca ou
seca – melhor fresca, adicionada ao final do cozimento.
Perfuma e dá acabamento aos pratos, usada nas
entradas, saladas, molhos, pastas, peixes e frutos do
mar, aves, carnes, legumes, recheios, ovos, arroz,
queijos brancos. A cozinha brasileira não dispensa o
maço de cheiro-verde, salsinha e cebolinha.

USOS
Manteiga de ervas:
Com uma colher pequena ou a de fazer bolinhas de
melão, retirar porções do tablete de manteiga, modelar
as bolinhas e recobri-las com a erva fresca picada ou
uma mistura de salsinha com orégano seco ou, ainda,
com sementes de gergelim ou pimenta-do-reino moída.

Os movimentos gastronômicos que renovaram os
pratos, seus preparos e seus temperos nasceram no
interior da França. Nos anos 1960, um cozinheiro
de tendência vegetariana, Michel Guérard,[12] intro-
duziu ao cardápio de seu restaurante de Assières a
ideia de saúde, dos alimentos que nutrem e, ao
mesmo tempo, protegem coração e artérias, trazem
bem-estar, tônus e vitalidade. Incorporou os cereais
integrais, valorizou as proteínas vegetais, verduras,
ervas e frutas frescas, ricas em antioxidantes, peixes de óleos preciosos (com ômega-3), salmão,
sardinha e atum, azeites de oliva e de *colza* substi-
tuindo quase totalmente a manteiga e o creme.
Pratos mais leves e saborosos, servidos em pequenas
porções, finalizados com punhados de ervas – que
passaram a ser novamente apreciadas também por
suas qualidades terapêuticas.

Na esteira da contracultura que divulgou no
Ocidente a medicina ayurvédica, a alimentação
vegetariana do sul da Índia, a macrobiótica, a ioga,
o budismo e os rituais de meditação, as sementes
da *Cuisine Minceur* de Guérard germinaram. Nos
anos 1970, à margem da *fast food* americana que
se alastrava, célere, pelas grandes cidades, outros
nomes da cozinha francesa avançaram no caminho

Viagem ao fabuloso mundo das especiarias

da sofisticação com simplicidade, trazendo o charme de novos molhos, ingredientes e formas de preparo. A *nouvelle cuisine* surgiu valorizando alimentos regionais e da estação, experimentando combinações, relendo receitas tradicionais, recorrendo às especiarias para dar cor e encanto à discrição dos pratos preparados para proporcionar prazer e bem-estar. É o reinado dos grelhados, dos legumes e verduras muito frescos, cozidos *al dente*, à moda oriental. Perdem importância farinhas, cremes brancos e frituras. As frutas são associadas às folhas e às carnes, numa repescagem de ideias antiquíssimas. Ganham expressão os molhos de ervas, os vinagres e azeites balsâmicos. Sai de moda o desperdício – excesso de gorduras, excesso de comida no prato, excesso de misturas.

As receitas ficam mais leves, as massas, mais finas, as saladas ganham outros encantos: a famosa *gourmande*, ou *salade folle* de Guérard, citada no *Larousse Gastronomique*, mistura de vagens frescas, pontas de aspargos, folhas variadas, echalotas e fatias finas de *foie gras* e trufas, é adaptada mundo afora. No Rio e em São Paulo, por exemplo, a comemos em qualquer lugar, com fatias de *kani* ou de queijo de búfala. Nesse momento, se encaixa

SALSA

Guarde-as em vasilhas fechadas, no *freezer*, separando as porções com papel-filme. Para acompanhar pães, torradas, massas, sopas, peixes.

SAÚDE
Pouco estudada, mas com atividade diurética, boa para rins e fígado, estimulante do cérebro.
Fonte de vitaminas C, A, B1, B2, cálcio e ferro.
Na medicina popular, para cólicas menstruais e intestinais, pedras nos rins, gases, anorexia, reumatismo e anemia.

perfeitamente a frase atribuída aos antigos gregos: "O bom cozinheiro é generoso no azeite, avaro no sal, sábio na escolha dos temperos e louco na mistura dos ingredientes." A inventividade de Carême está em cena, em releitura simplificada, afinada com os novos tempos.

Pierre e Jean Troisgros, Alain Chapel, Roger Vergé e Gaston Lenôtre são alguns dos nomes desse movimento, no qual ervas e especiarias retomaram papéis importantes, embora discretos. Os buquês mediterrâneos inspiraram combinações sutis de temperos; os aromas fortes foram usados com parcimônia. Prestigiada, a nova cozinha aos poucos popularizou-se nos grandes centros, a despeito da desproporção entre preço (alto) e quantidade de comida no prato (pouca). A partir dos restaurantes sofisticados, as novas ideias chegaram às cozinhas domésticas, colaborando com as dietas e com a necessidade de praticidade e qualidade. Chegaram ao Brasil na década de 1980, com a leva de *chefs* franceses que vieram comandar restaurantes e eventos gastronômicos. Claude Troisgros, filho de Pierre, foi dos primeiros, no final dos anos 1970, abrindo em Búzios seu primeiro restaurante, o Le Petit Truc. Ao contrário do europeu, que aprendera, por força de guerras e privações, a racionalizar comida, o brasileiro, perdulário à mesa, mal-acostumado com a fartura de carnes e legumes – pois aqui vivemos entre extremos, desperdício ou nenhuma comida –, assimilou as novidades devagarinho.

REINVENTANDO A MÁGICA

Enquanto os franceses divulgavam sua arte culinária, desenhava-se, há cerca de vinte anos, a atual cozinha catalã, descoberta recentemente pelos caçadores de novidades – estes que fazem o mundo velho se movimentar e parecer sempre novo. Cozinheiros da Catalunha remoçaram a culinária regional, reinventando-a, cada qual a seu modo. O badalado

Viagem ao fabuloso mundo das especiarias

Ferrán Adriá, *chef* do El Bulli, em Roses, na costa da Girona (a uns cinquenta quilômetros de Barcelona), é considerado uma espécie de Salvador Dalí da cozinha, experimentando combinações de alimentos e temperos sem qualquer timidez e nenhum compromisso com a simplicidade ou a lógica. Santi Santamaria, à frente do Racó Can Fabes, em Sant Celoni, próximo a Barcelona, direcionou-se para uma cozinha mais simples, inspirada na tradição regional, de invenções que não modificam o sabor dos alimentos, dos temperos que apenas realçam seu gosto natural. Outro segredo de sua cozinha está nos pontos de cozimento, alimentos quase crus e levemente salteados com pouco azeite. É o Miró da gastronomia: pratos simples, leveza, alegria, mistura de sabores e cores.

São muitos os integrantes dessa linhagem de *chefs* voltada para uma culinária interessante e perfumada. Pierre Gaignaire, em Paris, é um verdadeiro mago das especiarias, com uma comida de sabores exóticos que lhe valeu, já há anos, três estrelas no *Michelin* e dezenove pontos e meio (num teto de vinte) no *Gault et Millau*, os guias gastronômicos mais respeitados do mundo. Ronald Cavaliere acompanha sua carreira desde 1981 e cita como exemplo de sua criatividade com os temperos uma salada muito simples feita com vagem, couve-flor e abobrinha, preparadas separadamente, cada qual com um condimento: "A vagem, branqueada e salteada no azeite, com tomilho fresco, a couve-flor, com alcarávia, e a abobrinha, compotada numa infusão de grãos de coentro amassados." Na Itália, um dos grandes nomes do momento é Gualtiero Marchesi, de Milão, que bateu ponto em Roanne, aprimorando-se com os Troisgros.

Com o interesse pelas ervas e seus usos cada vez mais sutis e surpreendentes, retomou-se, de certa forma, o caminho perdido às hortas do passado.

COMER DEVAGAR, QUEM TEM TEMPO?

A essa altura, pleno e estressado século XXI, juntaram-se, no mesmo prato, a filosofia americana da *fast food*, o artesanato culinário francês, as tendências orientais e naturebas servindo à pressa de grande parte das pessoas para as quais as 24 horas do dia se tornaram insuficientes, tal a sobrecarga de funções. Comer fora virou rotina, a cozinha doméstica ficou relegada aos fins de semana, quando muito. Os restaurantes a quilo se alastraram como capim-limão nos campos, com grandes salões e mínimas cozinhas, muitas vezes terceirizando a produção das refeições, atraindo uma freguesia que não esquenta cadeira e paga pelo que põe no prato. O tempo ruge, comer virou um ritual de vinte minutos para forrar o estômago com folhinhas e tortinhas que não prejudiquem o raciocínio, a aparência, a pressão, o bolso. A comida não pode ser cara, nem insossa, nem demorada, nem pesada.

Há até quem prefira comer na rua, sem ser mendigo. Certa vez vi um jovem bem-vestido devorando *sushis* sentado na calçada em frente a um prédio da Quinta Avenida, em Nova York, com a pasta ao lado. Cena comum, não é? Confesso que, moça de interior, parei, espiei e matutei: a que se reduzira a lauta e simples refeição em família de um passado não tão remoto? No contrafluxo dessa pressa alimentar, para a qual tanto influiu a obsessão americana em ocupar todas as horas do dia para ganhar dinheiro, nasceu a *slow food*, que, apesar do nome, é coisa de europeu, de gente que desfralda a bandeira da refeição feita com calma, qualidade e prazer. E cheia de ervas, claro.

A ideia surgiu em Paris, ganhou corpo em 1989 e sede no norte da Itália, em Piemonte, a terra das trufas brancas. O grupo liderado pelo jornalista e historiador de gastronomia Sandro Doglio,[13] escolheu como símbolo uma lesminha, a *lumacchina* – o *escargot* dos

Viagem ao fabuloso mundo das especiarias

franceses –, para definir uma comida humanizada, com pratos personalizados, cozidos sem pressa, preparados à chegada do freguês, com ingredientes livres de agrotóxicos produzidos por pequenos agricultores. Os produtores filiados fazem queijos e frios, pães e vinhos como nos velhos tempos, de forma artesanal. "Os restaurantes que trazem o bichinho estampado à porta servem uma comida feita na hora, simples, saborosa, cuidadosa, cheia de ervas", conta Sandra Moreyra, sócia do clube. Outros centros surgiram: na Suíça, em 1995, na Alemanha, em 1998, em Nova York, em 2000, em seguida na Grécia, no Japão, ao todo em 45 países. São, hoje, 65 mil membros organizados em 560 sedes, promovendo encontros, festivais, cursos para produtores, gastrônomos, *chefs*, enólogos, educadores. Desenvolvem trabalhos com crianças, em escolas, relacionados à preservação ambiental e à qualidade do alimento, a partir do cultivo até a maneira de se fazer as refeições.

Comer devagar traduz uma filosofia de vida que envolve uma melhora integral na maneira de se posicionar no mundo. Depois de tanto andar e descobrir coisas, experimentar e incorporar hábitos, aumenta a consciência de que preservar o corpo é arrumar a casa para que a alma a habite com conforto e as emoções fluam com serenidade – ideia da idade do mundo, expressa, por exemplo, no *mens sana in corpore sano*, que meu avô, professor de latim, disparava vez ou outra, enquanto comia, dia após dia, seus ovos fritos na manteiga e fumava seus cigarros, um atrás do outro (é bem verdade que os ovos eram das galinhas que ciscavam no quintal e os cigarrinhos, de palha, e ele comia numa vagareza que só vendo, e assim foi até os noventa anos, quando resolveu se aposentar deste mundo).

Em casa, vivíamos e comíamos no sistema *slow food*, como todos da minha geração, principalmente os que moraram no interior. Éramos modernos e não sabíamos. A televisão divulgava o *hot-dog*, delícia vez ou outra experimentada, mas, no dia a dia, reinavam as verduras

SÁLVIA

(salva, salva-das-boticas)
Salvia officinalis (Labiada)
Sage (ing.) · sauge (fr.) · salvia real (esp.)
EUROPA MEDITERRÂNEA

Planta herbácea que nasce em tufos, com folhas oblongas, aveludadas, verde-acinzentadas, floração do branco ao fúcsia.

NATUREZA
Fresca, picante, amarga, aromática.

O nome vem do latim *salvere* – saúde ou tenha boa saúde, como Plínio registrou, certamente referência às suas inúmeras propriedades medicinais. Tantas que, fatalmente, agregaram poderes mágicos: na mitologia grega, foi um presente do deus Cadmo aos homens.

da horta. O mercado vendia legumes cultivados na região, sem agrotóxicos. Naquele tempo, os produtores sabiam quais plantas e bichos cultivar para afastar pragas e doenças. O leite era trazido pelo leiteiro das fazendas próximas e, fervido, dava aquelas grossas natas. Tudo tinha frescor. As verduras eram enormes, o pé de alface, uma flor desse tamanho, macia e de sabor suave. Nunca comíamos sós, estávamos sempre acompanhados da família ou dos amigos, as refeições eram lentas, tomava-se limonada ou laranjada, comiam-se sobremesas caseiras de frutas.

Chegou a hora de comer devagar? Há pelo menos três décadas os vegetarianos já nos mandam mastigar cem vezes um punhado de arroz integral. Para falar a verdade, nunca passei das quinze ou vinte mastigadas, e olha que sou uma verdadeira *lumacchina* para comer. Para 99,9% dos filhos de Deus que se atropelam nas cidades, essa hora parece longe de chegar – é mais uma utopia do homem feliz, que, por enquanto, paga o seu pão, cada vez menor, com o suor de seu rosto, cada vez mais encharcado. Milhões deles, inclusive, nem sequer comem. Mas há uma espécie de nostalgia generalizada de outros modos e jeitos de comer e viver, mais calmos, mais alegres, mais compartilhados. O pessoal da *lumacchina* quer nos alertar que, depois de décadas comendo sanduíche em pé, no balcão, ou pratos feitos em cinco minutos, o ser humano, herói de tantas batalhas, merece ao menos sentar-se para comer, com calma e sossego, uma comida gostosa, bonita, substanciosa, perfumada, cheia de ervas, que lhe dê vitalidade e resistência. E, quem sabe, até descansar um cadinho depois? Felicidade não é muito mais do que isto.

 Notas

1. *Saccharum officinarum*.
2. *Levisticum officinale*. As folhas lembram, em formato e sabor, as do aipo, por isso é chamado falso aipo, *céleri bâtard* dos franceses, *lovage* dos ingleses.
3. *Inula helenium*, era usada a raiz, aromática e amarga.
4. *Shilphium lacinatum*.
5. *Cyperus longus*; albafor e junca, em Portugal; *souchet-long*, na França. Planta com grandes rizomas de sabor amargo recomendados por Hipócrates como tônico e estomáquico.
6. Jorge Alonso, *Tratado de fitomedicina*.
7. Jean-Anthelme Brillat-Savarin (1755-1826).
8. *Gastronomie Pratique* é um tratado de grande erudição e humor, com cerca de três mil receitas, escrito por um francês de origem árabe, homem viajado e que preferiu esconder-se sob o pseudônimo de Ali-Bab (1833-1931). O livro, de 1.300 páginas, tem cerca de cem reedições.
9. Bolaffi, *A saga da comida*.

SÁLVIA

Gregos e romanos mascavam suas folhas, conservadas em vinho, para estimular a memória, a longevidade e afastar tristezas. Também punham a planta nos quartos dos doentes para purificar o ar.
Arranjos com camomila e sálvia eram oferecidos aos amigos para lhes desejar longa vida e paciência.
Não seria bom recuperar o velho costume?
Foi usada para quebrar encantamentos e chegou até nós com a fama de prolongar a juventude, assim como o alecrim.

Cozinha
Até os chineses se apaixonaram por ela, no século XVII. Chegou aos Estados Unidos, onde tempera o famoso peru do Dia de Ação de Graças.
Entretanto, italianos e alemães foram os povos que mais a apreciaram na culinária.
É famoso o porco com sálvia da Toscana.
Tempera sopas, molhos, massas, omeletes, queijos, tomates, cebolas, berinjelas, batatas, recheios de aves.

Usos
Combina com o quê?
O sabor levemente amargo de suas folhas a faz seletiva no casamento com outras ervas frescas.
É melhor desacompanhada, mas aceita o alecrim, o tomilho, o orégano, a salsa e o louro.
Tempero para carne de porco, com ervas secas: sálvia, segurelha, manjericão e alecrim.

Saúde
Digestiva, boa para o fígado; sedativa, para nervosismo e insônia; antisséptica, para gengivite; adstringente, para excesso de lactação e salivação; antissudorífica, para suores excessivos.
Protetora do coração, boa para diabetes e hipertensão arterial, ativadora da memória, reguladora do ciclo menstrual.
Na medicina popular, para problemas respiratórios, garganta, tosse, cansaço e estresse.

10. Carême (1783-1833), em sua curta vida, produziu livros importantes, entre eles *A arte da cozinha francesa no século XIX*, com subtítulo: *Tratado elementar e prático dos caldos de carne com muita e pouca gordura, das essências, dos aromas, das sopas francesas e estrangeiras, dos grandes e pequenos molhos, dos ensopados e dos acompanhamentos, seguido de dissertações culinárias e gastronômicas úteis ao progresso dessa arte.* Serviu a nobres da França, Inglaterra e Rússia.

11. Escoffier, em 1859, aos treze anos, começou como ajudante na cozinha do restaurante do tio, em Nice, e ficou famoso no comando dos restaurantes da cadeia Ritz. Escreveu, em 1902, *La Guide Culinaire*.

12. Michel Guérard nasceu em 1933, em Vétheuil; em 1965 abriu seu restaurante, Le Pot au Feu, em Assières; em 1974, o Les Prés d'Eugenie, na estação termal Eugénie-des-Bains, onde está hoje; é autor de *La Grande Cuisine Minceur*, de 1976.

13. Doglio, autor de *Piccola Estoria della Cuccina del Piemonte* e *Dizzionario di Gastronomia del Piemonte*, entre outros livros.

Parte 3

Sabores que curam

Desde sempre, a cultura popular sinalizou os caminhos da cura, com seus mitos e fábulas, seu acervo de valores sedimentados na poeira dos tempos. Os primeiros povos agregaram ervas e grãos às caças e peixes e os relacionaram aos benefícios que traziam, bem-estar ou desconforto, operando as mágicas e obtendo os remédios. O aneto era considerado pelos armênios a erva-de-deus. Aos poucos foram evidenciadas suas qualidades calmantes. Alho e cebola eram sagrados nas culturas mediterrâneas e orientais: protegiam de todas as doenças e ainda afastavam maus espíritos. Tantos poderes apontaram para as incríveis propriedades desses bulbos, aos poucos confirmadas pela ciência. O alho, que afasta vampiros, é tão poderoso, suas qualidades e usos medicinais são tantos, que sobre ele já se publicaram cerca de dois mil artigos em revistas científicas, o que ainda está longe de esgotar o assunto.

Os empregos antigos de muitas ervas mostram como as crenças populares apontam para a existência de determinadas qualidades terapêuticas dos condimentos: hortelã para trazer sorte e dinheiro, ótima para digestão, tratar vermes e febre; alecrim para afastar tristezas e maus espíritos, revigora o sistema nervoso; manjericão, que afasta as más vibrações, acalma os nervos; arruda para tirar o mau-olhado e curar histeria. Os poderes mágicos e medicinais das plantas sempre andaram juntos. Nossa pimenta-malagueta, que ganhou fama de afrodisíaca desde que o primeiro português a experimentou, não teve ainda essa qualidade comprovada, mas muitas outras lhe foram creditadas. Logo ao ser descoberta, na América, por Colombo, seu sabor despertou o interesse do médico que acompanhava a expedição, Diego Alvaro Chanca, que a levou para ser estudada na Europa, onde foi logo indicada para dor de garganta. Em clínicas de rejuvenescimento, as frutinhas vêm sendo recomendadas, na refeição diária, para ativar a circulação e estimular a memória – estas, qualidades comprovadas, além das digestivas e analgésicas. Já se fala que previnem a doença de Alzheimer.

Outra erva considerada afrodisíaca, desde a Antiguidade, é a segurelha, que na Europa medieval foi vetada nas mesas de família. A espécie *hortensis*, a mais usada na culinária, manteve a reputação, mas apenas na cultura popular. Atualmente, pesquisadores iranianos, em cujo país a erva é muito usada, estudam suas propriedades analgésicas e anti-inflamatórias. Com relação à sua milenar qualidade, por favor não a ignore: se temperar com a segurelha o jantar do(a) ex-namorado(a) ou do(a) ex-marido(mulher), saiba que pode experimentar um *revival*.

A medicina nasceu e evoluiu sobre esse tapete macio de tradições que vão agregando mais e mais informações, algumas, as mais esdrúxulas, que ao longo do tempo acabam por ganhar lógica. Os primeiros médicos foram os que se lançaram na aventura em busca do conhecimento dos poderes das plantas: curandeiros, magos, xamãs, druidas e pajés, que inventaram

SEGURELHA

(segurelha de verão, tomilho real e segurelha de inverno)
Satureja hortensis e *S. montana* (Labiada)
Savory (ing.) · sarriette, savourée (fr.) · ajedrea (esp.)
EUROPA E ÁFRICA MEDITERRÂNEAS

Arbusto perene que cresce em grandes touceiras, com ramas compridas e resistentes como as do alecrim, flores do rosa ao púrpura.

NATUREZA
Morna e seca, picante, levemente amarga, aromática.

É a planta dos sátiros, donos das florestas onde elas cresciam em fartas e belas touceiras que abriam milhares de florezinhas no verão.
Correndo atrás das ninfas, esses seres mitológicos não apenas inspiraram o nome das ervas como lhes trouxeram a fama afrodisíaca, especialmente à espécie *hortensis*.

beberagens, compressas e banhos, juntando ervas e raízes naqueles caldeirões fumegantes, enquanto faziam invocações e rezas. Esta gente tinha poderes extraordinários para ajudar os homens "porque podiam se entender com espíritos invisíveis de todos os tipos e ainda enfrentá-los".[1]

A África é provavelmente o continente com tradições mais antigas de curas com plantas – afinal, esse é o berço do homem. Os primeiros registros conhecidos, entretanto, foram feitos na China. Em 4500 a.C., os imperadores Shen Nong e Huang Di catalogaram muitas espécies, relacionando-as às doenças que poderiam curar. Gengibre, pimenta-do-reino, zimbro, noz-moscada, asa-fétida, cardamomo, dezenas de especiarias que tratam e curam foram agregadas a essa medicina hoje cada vez mais praticada no Ocidente.

Na mesma época, no vale do Indo, sacerdotes a serviço de Brahma fundamentaram o hinduísmo baseando-se no Veda, os textos sagrados, e, ao mesmo tempo, lançaram os princípios da medicina ayurvédica, ainda hoje a mais popular da Índia, também ganhando expressão no mundo ocidental. Sálvia, mostarda, segurelha, aneto, cúrcuma, gengibre, alho, cebola, manjericão, estes maravilhosos

Viagem ao fabuloso mundo das especiarias

temperos da nossa cozinha eram prescritos pelos sábios não apenas para corrigir disfunções orgânicas, mas para aliviar outras, mais abstratas, como melancolia, mente agitada, irritação, raiva. Esses sábios já consideravam os sentimentos frestas pelas quais as doenças nos espreitam, sinais preciosos de desequilíbrios orgânicos. O último discípulo da escola ayurvédica – que teve em Bgardwaja um dos seus organizadores – foi Charaka, que compilou cerca de quatrocentas plantas medicinais. A cultura popular indiana agregou outros poderes às especiarias: ao cominho, por exemplo, o de proteger contra mau-olhado.

Provavelmente, segundo estudiosos, como a médica americana Terry Clifford,[2] os pais da medicina chinesa tinham conhecimento dos usos das ervas tibetanas. No Tibete, os xamãs utilizavam um grande acervo delas nos rituais de cura. Estudada no Ocidente, com inúmeras clínicas e médicos atuando nos Estados Unidos, a medicina tibetana, baseada em milhares de substâncias naturais, especialmente de plantas, compilou, nos séculos VII e VIII, conhecimentos das terapias ayurvédicas, persas, chinesas e gregas. No século XI esses conhecimentos estavam codificados num sistema-síntese da

SEGURELHA

Assim foram vistas na Antiguidade, mas até a Idade Média eram usadas com cautela nas mesas das famílias – perigosíssimas!

A *montana* ganhou reputação oposta, de ser anafrodisíaca. Acendendo ou apagando as paixões, foram sempre condimento e remédio.

Essas são as duas espécies famosas de uma família botânica que tem cerca de 160, a maior parte espalhada pelas regiões montanhosas do sul da Europa.

COZINHA

No Brasil é difícil tê-la fresca, mais fácil seca. Tempera carnes, molhos, aves e sopas e tem uso clássico nas favas, feijões e lentilhas, pelo poder digestivo.

É a *bohnenkraut*, a erva dos feijões dos alemães, que a empregam também na salsicharia. Os ingleses a trouxeram para o Novo Mundo, os franceses a incluíram nas composições das *herbes de Provence*.

USOS

Como o alecrim, o tomilho, a manjerona, o manjericão, o orégano e o estragão, condimenta vinagres e azeites balsâmicos.

Para o azeite, escolha um ramo viçoso e fresco da erva. Lavado e bem seco, mergulhe-o em garrafa (esterilizada) com azeite extravirgem. Podem ser adicionados grãos de pimenta-do-reino ou de coentro e uma folha de louro; arrolhar bem e guardar em armário fechado por cinco ou seis semanas.

Atenção: a luz é inimiga dos azeites!

SAÚDE

Dioscórides e Galeno, na Antiguidade, registraram seus poderes aquecedores e secantes, o que a fez útil nos problemas de pulmão e das vias respiratórias. Aperitiva, digestiva, antigases, antidiarreica, anti-inflamatória, boa para o fígado.

O óleo essencial tem forte poder bactericida, usado nas micoses e inflamações dermatológicas.

Na medicina popular, seu chá acalma a sede dos diabéticos.

medicina de todos esses povos, vistos sob a ótica do budismo, introduzido no Tibete, através da Índia, no século VII (e aí chamado lamaísmo). "As substâncias medicinais das plantas são veneradas por seus poderes de cura. Um bom médico tibetano as tratará com o respeito que lhes é devido e como uma oferenda ao Buda da Medicina", explica Terry em seu livro. Na imensa farmacopeia tibetana, ainda maior que a chinesa, há remédios para tudo, e muitos estão na cozinha. Agrupados como Seis Coisas Boas, por exemplo, estão o cravo-da-índia, importante para o nervo vital; o cardamomo, para os rins; o miolo de bambu, para os pulmões; a pimenta cubeb, para o baço; a noz-moscada, para o coração e o cérebro; o açafrão, para o fígado.

JARDINS DE FAVORES

Em outros centros importantes da Antiguidade, naturalistas ou herbalistas – como eram chamados os homens cultos que se dedicavam a estudar e receitar plantas – também colhiam informações e documentavam experiências que ajudariam a formar as bases da ciência médica. A erva-doce, por exemplo, cuja sementinha faz nossos chás digestivos e surpreende em pratos salgados e doces, foi citada nas preciosas receitas dos sábios sumérios e assírios, povos da Mesopotâmia. Esteve presente nos jardins de ervas cultivados em várias regiões, com imenso capricho, desde priscas eras. Nos de Adônis, por exemplo, o deus do Mediterrâneo antigo, divindade da vegetação na mitologia semita, cultuado por babilônios, sírios e gregos. Seus magníficos jardins eram plantados exclusivamente por mulheres e tinham cereais, flores e muitas ervas. No plano real, cultivados na terra e mais famosos que os de Adônis foram os de Nabucodonosor II (605-562 a.C.), às margens do rio Eufrates, na Babilônia. Com plantas magníficas e muitas ervas, os Jardins Suspensos do rei entraram para a história como uma das Sete Maravilhas do Mundo Antigo.

Viagem ao fabuloso mundo das especiarias

Após suas campanhas pelo Oriente, Alexandre levou para o mundo helênico os fantásticos jardins aromáticos dos reis persas, que possibilitaram a observação e o estudo de muitas espécies. No acervo das mais importantes, por seu sabor, perfume e poder de cura, estavam cebola, alho, cominho, coentro, poejo, mostarda, sálvia, cerefólio, tomilho, echalota, borago, menta, raiz de junco, aneto, manjerona, erva-doce, zimbro, louro, sementes de papoula, segurelha, orégano, açafrão e arruda.

Os egípcios conheciam os sabores e poderes do cominho, do coentro, da erva-doce, entre tantas outras espécies registradas em seus papiros – o mais famoso, de 1550 a.C., o de Ebers, em que estavam descritas setecentas plantas, incluindo outras ervas e especiarias, como o açafrão, o cardamomo, a alcarávia, a canela, a mostarda e o feno-grego. A escola egípcia de medicina, em Alexandria, criada em 300 a.C., reuniu grandes conhecimentos, mas no século VII d.C. milhares de textos médicos e cerca de setecentos mil livros – inclusive obras do astrônomo Claudio Ptolomeu e do matemático Arquimedes – desapareceram da fabulosa biblioteca da cidade, no incêndio provocado por invasores árabes, já empenhados em sua Guerra Santa. Pouco antes dessa escola surgira a da Grécia, com Hipócrates, o pai da medicina (460-370 a.C.). Em sua obra, *De matéria médica*, compilou ervas medicinais, muitas apreciadas na culinária, como as sementes de papoula, o alecrim, a sálvia e a artemísia – de extensa família, da qual faz parte o estragão. A partir daí, as propriedades curativas do alecrim, por exemplo, começaram a ser estudadas de forma sistemática.

A relação do homem com a natureza fascinou filósofos como Aristóteles. Sua frase "A natureza não faz nada sem propósito" inspirou médicos e naturalistas. Foi o médico grego Dioscórides,[3] no século I da era cristã, quem produziu o primeiro tratado de fitoterapia do Ocidente, com a descrição de seiscentas espécies e suas propriedades terapêuticas. Os cinco volumes de *De matéria médica* foram preservados e traduzidos pelos árabes, com várias reedições até o século XVI, quando ainda eram consultados. Com esses textos aprendeu-se,

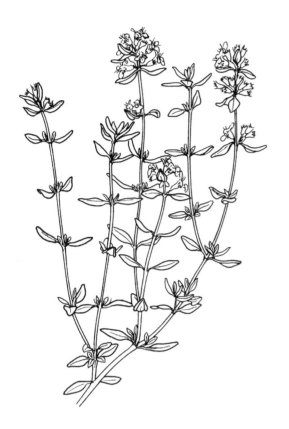

TOMILHO

Thymus vulgaris (Labiadas)
Thyme (ing.) · thym, serpolet (fr.) · tomillo (esp.)
EUROPA MEDITERRÂNEA

Plantinha resistente, que dá em touceiras pequenas, vistosas, com folhinhas miúdas e duras, florescendo no verão.

NATUREZA
Morna, seca, picante, bastante aromática.

São cerca de 120 espécies – essas labiadas condimentares são como aquelas antigas famílias nordestinas, filhos de perder a conta.
O serpão ou serpilho é uma delas *(T. serpillum)*, o *serpolet* dos franceses, também nas composições das *herbes de Provence*.

por exemplo, que as folhas e flores do borago – ou borragem, como também são chamadas no Brasil –, usadas no Mediterrâneo para perfumar saladas e vinagres, tinham grandes poderes. O médico observara que, "colocadas no vinho, tornavam homens e mulheres alegres e contentes e afugentavam toda a tristeza, tédio e melancolia". Concluíra, portanto, que curavam a depressão. Plínio[4] reforçou a tese, também no primeiro século da era cristã. Muito mais tarde, em 1597, John Gerard,[5] que dedicou a vida ao estudo das plantas que cultivava em jardins, em sua obra *The Herball* ou *Generall Historie of Plantes*, escreveria: "pessoas do nosso tempo usam flores do borago em saladas para confortar o coração, afugentar duelos e aumentar a alegria da alma".

O conhecimento dos poderes curativos de ervas e especiarias conferiu importância especial a algumas delas: à pequenina semente de mostarda, por exemplo, citada várias vezes na Bíblia. De uma família de cerca de duas mil espécies, algumas picantes, outras suaves, teve suas propriedades descritas pelos chineses e por Plínio, que listou cerca de quarenta remédios feitos com ela. Da obra desse médico, conservou-se a encorpada *História natural*, em 37 volumes, compilação de suas ideias filosóficas e informações sobre a natureza, abrangendo o

Viagem ao fabuloso mundo das especiarias

estudo das plantas aromáticas. O Velho, como foi chamado, também cultivava especiarias em jardins para tratar seus pacientes – afinal, essas eram as farmácias de antigamente.

Galeno,[6] nascido em 129 d.C., foi quem mais influenciou a medicina e a farmacologia na Antiguidade. Estudioso dos trabalhos de Hipócrates e Dioscórides e convivendo com sábios, grandes médicos e herbalistas, ampliou os conhecimentos sobre plantas medicinais. Em 191, no incêndio que destruiu Roma, perdeu muitas obras, mas até o século XVII suas ideias foram influentes. Foi chamado Pai da Farmácia, por ser o criador do método para a manipulação de pós e extratos (as preparações simples, chamadas de formas galênicas).

"Ele juntava plantas medicinais em fórmulas complexas para tratar disfunções, segundo conceitos muito semelhantes aos adotados pelas medicinas chinesa e ayurvédica. Doenças de calor, como a hiperacidez gástrica, por exemplo, tratava com condimentos refrescantes como o cominho, o coentro e o funcho. Resfriados, com espécies 'quentes', como a canela, o cravo, o gengibre e a pimenta",

TOMILHO

O nome *thymus* vem do grego e significa força ou coragem e foi a fragrância preferida dos homens, o remédio dos fracos e desanimados, o estímulo dos guerreiros, o antidepressivo dos romanos. Por suas tantas virtudes foi plantada nos jardins de Carlos Magno, para que todos tivessem acesso a ela.
Na Europa, em pleno século XVII, o mundo fervendo de novidades, ainda era considerada erva mágica que permitia a alguns ver as fadas. Bem, nesses duros tempos, elas estão sumidas, mas, quem sabe, insistindo, *tomilhando*, reaparecem?

COZINHA
É tempero perfeito para as vinhas-d'alhos. Fresco ou seco, em pratos de cozimento lento e assados, caldos, molhos de tomate, batatas, cogumelos, berinjelas, abobrinhas, beterrabas, cenouras cozidas, queijos, azeitonas em conserva, azeites e vinagres balsâmicos. Franceses, apaixonados pela erva, a usam em suas receitas de todo dia: seca, por exemplo, é polvilhada nos filés antes de grelhá-los, nos omeletes, pães, patês e *terrines*.

USOS
No Rio e em São Paulo já aparece o tomilho-limão, como o nome diz, com leve toque cítrico e adocicado, para temperar peixes e aves e também compotas de frutas. Secar o tomilho em casa é melhor do que comprá-lo já seco. Fica mais saboroso. Deixe secar os ramos sobre folha de papel de pão. Depois, para destacar as folhinhas miúdas, passe o garfo delicadamente por eles, de cima para baixo. As folhinhas se soltam.

SAÚDE
No século XVIII, o herbalista Nicholas Culpeper o recomendava para estancar hemorragias internas, tosses e vômitos. Em 1725, na Alemanha, iniciou-se o estudo oficial do seu óleo essencial, rico em timol.
A ciência apurou a forte ação antibacteriana, analgésica e antiespasmódica. Seus compostos são antioxidantes, protegem o fígado e inibem o envelhecimento, as inflamações e regulam as reações imunológicas.
Sabiam de tudo, aqueles mediterrâneos!

explica Alex Botsaris, em seu livro *Sem anestesia/desabafo de um médico*. Vaidoso ao extremo, Galeno foi também uma personalidade especial, que usava a frase de Aristóteles "A natureza não faz nada sem propósito" para completar: "E eu conheço este propósito!" Quando seus tratamentos davam certo, o mérito era todo dele, do contrário, a culpa era de Deus.

O CALDEIRÃO DOS CURANDEIROS

O mundo das ervas ganhou outra figura notável no século X, vindo do mundo árabe. O médico persa Avicena ficaria famoso como Príncipe dos Médicos, mas poderia ser também das ervas. Aos dez anos era mestre no Corão e nos clássicos árabes. Estudou filosofia, matemática, astronomia e medicina e, finalmente, foi seduzido pelas ideias de Aristóteles. É considerado o criador da aromaterapia, por ter descoberto como destilar o óleo essencial das plantas, e ganhou fama, na Europa, quando seus preparados com ervas foram levados para lá pelos cruzados.

Na Idade Média, a religião católica transformou-se num pesado obstáculo ao avanço da ciência. Durante a Inquisição, rituais milenares de cura foram associados à bruxaria. Curandeiros, médicos, cientistas, herbalistas, filósofos e alquimistas foram perseguidos, expulsos de suas casas, humilhados, queimados nas fogueiras. Nesses negros tempos, mosteiros e conventos, por incrível que pareça, e ainda palácios, abrigaram os "bruxos", transformando-se em importantes centros de cultura. Livros e estudos sobre alquimia e medicina, envolvendo plantas e ervas, e tratados sobre assuntos considerados tabus, geralmente relacionados às mais singelas formas de prazer,[7] ficavam aí guardados, em segurança.

Longe dos centros onde grassaram os movimentos de fanatismo religioso, numa pequena aldeia suíça, nasceu Paracelso,[8] em 1493, médico e alquimista como o pai, e dado a fazer

Viagem ao fabuloso mundo das especiarias

profecias. Este parece ter sido mesmo meio bruxo: ao manipular ervas para preparar remédios, rezava e fazia invocações. Com ele, Paracelso aprendeu a observar as plantas e, sob esta influência, mais tarde resgataria a visão de que o homem, como parte do universo, desta forma deveria ser tratado. Reviu ideias do passado profundamente sedimentadas em muitas culturas e organizou-as na teoria das *Assignaturas*, segundo a qual as características morfológicas e ecológicas das plantas têm relação com sua atividade no corpo humano. Fez tinturas com muitas espécies, apoiando-se no trabalho de Galeno, embora questionasse suas ideias. Influenciou herbalistas como John Gerard e médicos como Samuel Hanneman,[9] o criador da homeopatia e, ainda, a medicina antroposófica,[10] correntes que associaram intimamente o homem à natureza para tratá-lo de forma mais harmoniosa. Paracelso começou a exercer a profissão tratando de trabalhadores de minas que adoeciam pela exposição aos minerais, o que o aproximou ainda mais da alquimia. Costumava explicar que a alquimia não era a arte de fazer mágica, de transmutar coisas, alhos por ouro, apenas uma técnica de fazer medicamentos a partir de substâncias naturais.

Gerard foi o herbalista mais respeitado do meio do século XVI, quando os mundos oriental e ocidental estreitavam os laços. A essa altura, além do cravo, da canela, da noz-moscada, da pimenta-do-reino, do gengibre e do cardamomo asiáticos, as especiarias americanas ofereciam novas opções terapêuticas. Os escritos chineses, os procedimentos árabes e indianos, a medicina dos índios da América, dos africanos, o aprendizado milenar dos povos eram estudados e introduzidos em várias culturas. É dessa época o livro do médico e naturalista Garcia de Orta, um dos personagens mais interessantes e pouco conhecidos do mundo das especiarias, que o escreveu no período em que viveu em Goa, e no qual fala dos empregos regionais das espécies da Índia. O intercâmbio de informações sobre usos medicinais, gastronômicos e mágicos do grande acervo de plantas amealhado pelo homem chegava ao auge.

203

VINAGREIRA

(língua-de-vaca, de boi, paciência, azedinha)
Rumex crispus, R. scutatus, R. patientia, R. acetosa
(Poligonácea)
Dock, sorrel (ing.) · oseille (fr.) · acedera (esp.)
EUROPA E ÁFRICA

Ervas perenes e rústicas, de fortes raízes, touceiras de folhas semelhantes às da rúcula.

NATUREZA
Fresca, picante, ácida, aromática.

Bailey considera a possibilidade de existirem cerca de cem espécies de *Rumex*, a maior parte surgida em brejos, como ervas daninhas, crescendo e se espalhando principalmente pela Europa. Mais ácidas ou suaves, algumas ganharam valor horticultural e são, inevitavelmente, confundidas. Uma delas, a *herba britannica (R. aquatica)*, segundo Plínio, tratou os soldados de Júlio César. As qualidades depurativas e purgativas dessas plantas, benéficas também para a pele, eram bem conhecidas dos antigos.
O célebre herbalista John Gerard, no século XVI, dizia sobre elas: "Depura o sangue e faz com que muitas jovens pareçam mais formosas e puras..."
Não confundir com a vinagreira usada no Nordeste brasileiro: esta é planta de outra família *(Hibiscus sabdariffa)*, nativa da Ásia tropical e do Sudão, da qual se emprega a flor, linda por sinal.

COZINHA
A acidez das folhas não faz dela uma erva muito popular no Brasil.
Os egípcios, que a usaram muito, ainda a prestigiam em sua culinária, assim como os franceses, que preferem a espécie *acetosa*, empregada nas saladas, sopas de legumes, aves e peixes cozidos, molhos e condimentando queijos brancos. Os *chefs* a utilizam nos molhos verdes que acompanham os peixes, no *Potage à Santé*, a sopa da saúde, e criaram um prato especial com ela, o *Saummon à l'oseille*.

No século XVIII, os remédios ainda estavam apenas na natureza. No XIX, já com a ciência médica em pleno desenvolvimento, grandes clínicos empregaram plantas nos seus tratamentos, como o fisiologista francês Claude Bernard,[11] que se utilizou de conhecimentos acumulados pelos naturalistas do passado.

NAS TRILHAS DO PASSADO

A história se faz ponto a ponto, imensa colcha de retalhos a abrigar o homem, feita com pedaços de panos de todas as cores e formas, costurados por milhares de mãos obreiras e curiosas. Ao mesmo tempo que a ciência se desenvolveu incrivelmente nos dois últimos séculos, apoiando-se na tecnologia, um segmento de pesquisadores voltou-se para as possibilidades terapêuticas oferecidas pela natureza. O filão cresce. Há, hoje, os que buscam espécies desconhecidas nas últimas reservas de mata do planeta, especialmente na amazônica, e os que se debruçam sobre plantinhas triviais no cotidiano de muitas culturas – as ervas da cozinha e dos remedinhos caseiros. Muitas delas com usos medicinais aprovados pela FDA americana (Food and Drug Administration), como o manjericão, a manjerona e o alecrim. A demanda cada vez maior por tratamentos naturais, a desilusão com os procedimentos da medicina alopática desvirtuada por mil mecanismos – entre eles o descaso com o paciente e o mercantilismo – vêm aproximando o homem da homeopatia, da fitoterapia, da aromaterapia, da antroposofia, das medicinas orientais, correntes de cura ainda consideradas alternativas, embora oficiais em muitas culturas.

A criação de cursos voltados para essas matérias, na esfera universitária, tanto na Europa como nos Estados Unidos e no Brasil, as pesquisas desenvolvidas por instituições internacionais envolvendo desde a compilação e a revisão de trabalhos científicos sobre propriedades e usos de plantas, a implantação de projetos de medicina popular com o emprego de espécies regionais, a publicação de livros e de artigos sobre o assunto, a abertura de clínicas cada vez mais sofisticadas de tratamentos fitoterápicos, o aumento do consumo de remédios naturais em todo o mundo apontam para um forte movimento de redescoberta e incorporação de técnicas terapêuticas milenares. Um grupo de economistas da Universidade de São Paulo, coordenado por Antônio José Lapa, estuda o assunto e revelou, no início de 2003, que nos últimos cinco anos esse

VINAGREIRA

Usos
Uma ou duas folhinhas batidas no liquidificador dão um toque ácido à maionese.

Saúde
Até o século XIX foi muito empregada na medicina. Pelos altos níveis de vitamina C, considerada antioxidante, adstringente, antiescorbútica, bactericida, boa para gripes, resfriados e diarreia, hipotensora e diurética, redutora de colesterol e triglicerídeos, estimulante das atividades do fígado.
Desaconselhada para pessoas que sofrem de hiperacidez e cálculos renais (Alonso).

mercado cresceu 10% ao ano no Brasil, e vai crescer muito mais. A Organização Mundial de Saúde traduz o movimento em números: no Brasil, em torno de 260 milhões de dólares anuais; nos Estados Unidos, 5,1 bilhões de dólares; no mundo, mais de cem bilhões de dólares por ano!

Soluções mais suaves de cura, que equilibrem corpo e emoções, clareiem pensamentos, tratem a alma e a essência do ser é o que uma grande parcela da população mundial parece buscar. Dos maiores vendedores de livros da atualidade, o médico indiano Deepak Chopra, radicado nos Estados Unidos, divulga em sua obra os princípios da medicina ayurvédica aplicados a receitas as mais singelas que podem servir, segundo suas palavras, às "almas generosas deste planeta que estão comprometidas em curar a si mesmas e ao mundo". Das ervas e especiarias mais utilizadas nessa medicina, o alho, a cúrcuma, o cominho e a cebola, por exemplo, trazem propriedades tônicas ao alimento; pimenta-da-jamaica, cravo, orégano, pimenta, alecrim, sálvia, cúrcuma e gengibre agregam à comida poderosas propriedades antioxidantes. O chá de feno-grego, após as refeições, além de digestivo e calmante, ajuda a baixar o colesterol e é bom para os diabéticos, ensina Chopra.

As riquezas do Brasil

O Brasil parece acordar, assustado, para o imenso potencial de suas florestas, consideradas as de maior diversidade biológica, depois de ver surrupiadas espécies valiosas de seu acervo, patenteadas no estrangeiro. Não apenas isso, o uso indiscriminado de canelas e pimentas nativas, sem replantio, desde o período colonial, principalmente na região amazônica, as "especiarias de índios", como as chamavam os jesuítas, marca o início da devastação das nossas riquezas naturais. Há várias instituições desenvolvendo trabalhos importantes, como a Universidade Federal de Santa Catarina (UFSC), a do Rio Grande do Sul (UFRGS), a de

Viagem ao fabuloso mundo das especiarias

São Paulo (Unifesp) – esta, entre outras frentes de pesquisa, estudando quase duas centenas de plantas usadas pelos índios krahôs da reserva da Kraolândia, em Tocantins. Numa pesquisa desenvolvida, durante seis anos, por um grupo da Faculdade de Ciências Farmacêuticas da USP, a sálvia, o orégano, o alecrim e as sementes de mostarda, entre outras especiarias, mostraram por que sempre foram tão prestigiados pelos cientistas da Antiguidade: têm substâncias com grande poder antioxidante, que bloqueiam, portanto, a formação dos radicais livres, aceleradores do processo de envelhecimento, com ação comprovada na prevenção de doenças degenerativas.

O Instituto Oswaldo Cruz, no Rio de Janeiro, criou, em 2002, um horto com mais de cem espécies medicinais, incluindo as aromáticas. Na ilha de Paquetá, o programa Saúde em Família, do governo federal, também instalou uma horta medicinal. A Secretaria de Saúde do Distrito Federal fez outra, esta implantada pelo farmacêutico cearense Francisco José de Aguiar Matos,[12] um dos mais respeitados pesquisadores de fitoterapia do país. O modelo dessas hortas e hortos é o programa Farmácias Vivas, da Universidade Federal do Ceará, criado por ele, em 1986, e sob sua coordenação. Sua ideia foi recolher plantas que o povo usa, selecionar as de baixa toxicidade, estudar suas propriedades e empregá-las no tratamento da população. Hortas e minilaboratórios foram instalados em várias comunidades, por todo o estado. Cerca de seiscentas espécies estão sendo estudadas, setenta já aprovadas para uso, com eficácia comprovada.

Nesse acervo não poderiam faltar ervas condimentares, algumas desconhecidas da grande maioria dos brasileiros. O alecrim-pimenta,[13] usado nos pratos, é uma delas. Batizada pelo professor, a plantinha, nativa da região da caatinga, produz um óleo essencial, o timol, quase igual ao do tomilho. "O sabor se parece mais com o dessa erva do que com o do alecrim, mas no Ceará chamamos 'alecrim' a toda planta graciosa, cheirosa e de sabor agradável. O 'pimenta' é porque ela arde na boca", explica. O sugestivo alecrim-pimenta do professor

ZIMBRO

(fruto-de-genebra, junípero, junipo, zimbro do Himalaia)
Juniperus comunis (Cupressácea)
Juniper (ing.) · genièvre (fr.) · enebro (esp.)
NORTE DA EUROPA, ÁSIA E AMÉRICA DO NORTE

Arbusto que pode chegar a cinco metros de altura, semelhante a um pinheiro, de galhos fortes e folhas durinhas, produzindo pequenas bagas púrpura escuras.

NATUREZA
Quente, picante, aromática.

Planta de múltiplas origens e dúvidas quanto à sua origem exata. As boas fontes preferem enraizá-la em três continentes, sendo que no asiático, possivelmente ao longo da linha do Himalaia, região que inspirou um dos seus nomes populares.
No Oriente Médio, plantada em tempos remotíssimos, fornecendo sombra às meditações do profeta Elias e aí ganhando a reputação de árvore sagrada, com poder de favorecer os estados meditativos.

Matos é um sucesso como antisséptico e antibacteriano de uso externo, ótimo para manchas na pele.

Outra erva perfumada da farmácia natural é a alfavaca, aquela que reina pelos mares orientais. São várias as espécies encontradas no Ceará, como a alfavaca-cravo, como é chamada, cujas folhas cheiram a cravo-da-índia, já usada nas pizzarias de Fortaleza. "Esta é saborosíssima e um enxaguatório bucal excelente, digestiva e boa para gases", informa. O Farmácias Vivas já traz novidades à gastronomia. Quem não gostaria de experimentar numa massa folhinhas de alfavaca com perfume de cravo? Ou um novo tipo de tomilho, com um toque mais picante?

O Brasil exporta algumas ervas medicinais, ainda em pequena quantidade: a marapuama, a catuaba, a carqueja, a *ginko biloba* e a cumaru, a casca do ipê. Aparece, embora ainda timidamente, na bolsa internacional de especiarias, com cravos e pimentas-do-reino, como vimos. Pode vir a ser um grande produtor e exportador de fitoterápicos, se proteger seu patrimônio da pirataria estrangeira, esperta, atenta, rápida, agindo nas nossas matas. "Nosso potencial é imenso", entusiasma-se Matos. Mas já perdemos as patentes do curare, o veneno usado pelos índios, e da *ayahuasca*, dos rituais do Santo

Daime, para empresas americanas, e a da popularíssima espinheira-santa, infalível nas gastrites, para uma do Japão. Tem cabimento? Não tem, não. O alecrim-pimenta, que vai da farmácia à cozinha com desenvoltura, pode vir a ser um item na pauta de nossos produtos exportáveis.

"Quem guarda, tem", diz o ditado, mas não por muito tempo se não souber usar. Por mais humildes que possam parecer, um capinzinho de nada, um matinho à toa têm história e podem nos reservar surpresas. Essas plantinhas serão sempre aliadas do homem nessa caminhada misteriosa pela Terra em busca de comida, abrigo e de algum conforto, físico e espiritual. Chegaram até nossos dias, nos acompanhando – ou teria sido o contrário? –, adaptando-se às nossas necessidades, tornando-se cada vez mais importantes à nossa vida.

"Provavelmente ancestrais do *Homo sapiens* já as usavam. Todo esse acervo de informações que herdamos nasceu de um conhecimento instintivo, anterior ao processo racional. Com o tempo, fomos estreitando a relação com as plantas, ficando cada vez mais íntimos delas, num sistema movido por uma espécie de

ZIMBRO

O certo é que foram muitas as benesses legadas pelas baguinhas perfumadas, remédios e temperos de tantos povos.
Não faltaram à medicina de gregos e de árabes, nem aos rituais mágicos.
O zimbro foi, com o alecrim, uma das espécies aromáticas mais importantes da Idade Média, queimada nas ruas como incenso para espantar maus espíritos e, principalmente, o fantasma das pestes.

COZINHA
Seu aroma lembra, longe, o da canela, seu picante é maravilhoso e isto faz dele um tempero exótico, especial, utilizado em bebidas, como no gim (a genebra dos holandeses) e na cachaça alemã Steinhaeger, em conservas e patês, vinhas-d'alhos, nos peixes e aves, no chucrute e nos defumados – apreciadíssimo pelos alemães. É um substituto sofisticado e menos picante da pimenta-do-reino e da noz-moscada.
Na culinária europeia, tempera caças.

USOS
Sempre maceradas, as frutinhas se harmonizam, nas vinhas-d'alhos, com louro, cebolas, cravos, pimentas-do-reino; combinam com molhos à base de mostarda ou manteiga.

SAÚDE
As propriedades diurética, anti-inflamatória e antisséptica das vias urinárias são reconhecidas há muito tempo, inclusive no Japão, que cultiva uma espécie.
A ciência lhes reconhece atividades estimulantes e analgésicas.
O extrato ajuda a baixar a glicose no sangue e é antioxidante.
Na medicina popular, as frutinhas maceradas e curtidas em vinho branco, com casquinha de limão, fazem uma bebida especial que trata asma e bronquite e é diurética.
Desaconselhada na gravidez.

troca de favores entre o mundo vegetal e o animal: o bicho, inclusive o bicho-homem, tratou de usá-las, espalhar as sementes, multiplicá-las, selecionar as melhores. Elas, por sua vez, foram se aperfeiçoando naturalmente, ficando mais cheirosas, agradáveis e úteis ao homem",

explica Alex Botsaris. Assim, trouxemos para perto de nós as mais apreciadas e benéficas, que se transformaram nas nossas boas companheiras, ao longo dessa jornada. O que os pesquisadores fazem, hoje, é mapear espécies e tentar entender esse fabuloso processo.

 Notas

1. Sir James Frazer, em seu livro *O ramo de ouro*.
2. Psiquiatra americana, budista, escreveu *Tibetan Buddhist Medicine and Psychiatry/The Diamond Healing*, como tese de Ph.D. Faleceu em 1987.
3. Pedanius Dioscórides (40-90 d.C.) nasceu em Anazarbus, em Cilicia, hoje Turquia. *De matéria médica* foi editado no ano de 77, em Roma; reeditado em 1478, em latim; em 1518, em espanhol, e, em 1542, em latim vulgar, em Veneza.
4. Gaius Plinius Secundus, chamado o Velho (23-79 d.C.), pois seu sobrinho, também Plínio, escritor e orador, educado por ele, era o Moço.
5. Gerard (1545-1612). Seu livro foi impresso em Londres, em 1597. Apesar dos erros na identificação de plantas, ainda hoje é interessante, reeditado e citado nos *herballs* ingleses. O herbalista tinha seu próprio jardim para observação das plantas e supervisionava os de nobres da corte de Elizabeth I.
6. Cláudio Galeno nasceu em Pérgamo, Ásia Menor; foi médico de gladiadores e chegou a Roma em 164, tornando-se o preferido da corte. Tratou dos imperadores Marco Aurélio (121-180 d.C.), Cômodo (162-192 d.C.) e Septímio Severo (145-211 d.C.).
7. O riso, por exemplo, estava associado ao mal, tema que inspirou o livro de Umberto Eco, *O nome da rosa*, transformado em filme de Jean-Jacques Annaud. A história se passa num convento da Idade Média, em cuja biblioteca há um livro de Aristóteles, sobre a arte da comédia – que não se sabe se realmente existiu –, cujas folhas foram envenenadas e matavam os monges que as folheavam.
8. Philippus Aureolus Theophrastus Bombastus von Hohenheim (1493-1541), médico nascido na Suíça, escolheu seu pseudônimo por se achar melhor que Celso, o médico da Antiguidade. Além de obras médicas, escreveu artigos fazendo previsões até o ano 2106, em linguagem figurada, para não ser tachado de bruxo.
9. Samuel Hannemann (1755-1843), alemão, abandonou a profissão oito anos depois de formado e passou a dedicar-se ao estudo de medicamentos, a partir da ação de plantas no organismo e da ideia de cura pelos semelhantes – o significado da homeopatia. Sua principal obra, de 1810, é *Organon da medicina racional* ou *Organon da arte de curar*.

Viagem ao fabuloso mundo das especiarias

10. Criada pelo médico austríaco Rudolf Steiner (1861-1925), a antroposofia é uma filosofia de vida atenta à educação da criança, à forma como se cultivam os alimentos e se tratam as doenças, sob princípios de profundo respeito à natureza.
11. Bernard (1813-1878) nasceu na região de Rhône, onde existe um museu com seu nome. Considerado o pai da moderna fisiologia experimental, foi um dos mais prestigiados cientistas da França, dedicando-se ao estudo do metabolismo de vários órgãos, especialmente do sistema neuromuscular.
12. Professor Matos, autor, com Harri Lorenzi, de *Plantas medicinais do Brasil*, ed. Instituto Plantarum, 2002; com setecentas espécies nativas e aculturadas de uso na medicina popular.
13. *Lippia sidoides*, planta arbustiva.

Bibliografia

A. FILHO, Ivan e Di Giovanni, Roberto. *Cozinha brasileira com recheio de história*. Rio de Janeiro: Ed. Revan, 2000.

ALONSO, Jorge R. *Tratado de fitomedicina: Bases clinicas y farmacológicas*. Buenos Aires: Ed. Isis, 1998.

Atlas histórico. Enciclopédia Britânica. Barcelona: Editorial Marin, 1986.

BAILEY, Liberty A. *Manual of Cultivated Plants*. Nova York: Ed. Macmillan Publ. Co. Inc., 1924, edição revista em 1951.

————. *The Standard Cyclopedia of Horticulture by L.H. Bailey*. Nova York: Ed. Macmillan Publ. Co. Inc., 1925, edições revistas em 1944, 1947 e 1953, 3 v.

BALMÉ, François. *Plantas medicinais*. São Paulo: Ed. Hemus, 1978.

BAPTISTE-Debret, Jean. *Viagem pitoresca e histórica ao Brasil*. São Paulo: Ed. Círculo do Livro, 1981.

BARRY, Nicolas de. *L'ABCdaire de l'Huile d'Olive*. Paris: Ed. Flammarion, 1999.

BIANCHINI, F. Pantano A. C. *Tudo verde: Guia das plantas e flores*. São Paulo: Ed. Melhoramentos, 1974.

BOISVERT, Clotilde e Hubert, Annie. *L'ABCdaire des Épices*. Paris: Ed. Flammarion, 1999.

BOLAFFI, Gabriel. *A saga da comida*. Rio de Janeiro: Ed. Record, 2000.

BORHAUSEN, Rosy. *As ervas do sítio*. São Paulo: Ed. Bei, 1998.

BOTSARIS, Alex. *As fórmulas mágicas das plantas*, Rio de Janeiro: Ed. Nova Era, 2002.

————. *Sem anestesia*. Rio de Janeiro: Ed. Objetiva, 2002.

BOWN, Deni. *Encyclopedia of Herbs & Theris Uses*. The Royal Horticultural Society. Londres: Dorling Kindersley Book, 1995.

BRAGA, Renato. *Plantas do Nordeste, essencialmente do Ceará*. Fortaleza: Imprensa Oficial, 1953, edição revista em 1980.

BRAUDEL, F. *Gramática das civilizações*. Rio de Janeiro: Ed. Martins Fontes, 1989.

BUENO, Eduardo. *Náufragos, traficantes e degredados*. Rio de Janeiro: Ed. Objetiva, 1998.

CALMON, Pedro. *História do Brasil*. Rio de Janeiro: Ed. José Olympio, 1959, v. 1.

CAMARGO-Moro, Fernanda de. *Arqueologias culinárias da Índia*. Rio de Janeiro: Ed. Record, 2000.

CARAUTA, Pedro Jorge. *Plantas da Bíblia: Pequeno comentário*. Rio de Janeiro: Atas da Sociedade Botânica do Brasil, abril de 1983.

CASCUDO, Luis da Câmara. *História da alimentação no Brasil*. São Paulo: Ed. Itatiaia/Ed. da Universidade de São Paulo, 1983.

CHOPRA, Deepak e Simon, David. *O guia Deepak Chopra de ervas*. Rio de Janeiro: Ed. Campus, 2000.

CLIFFORD, Terry. *A arte de curar no budismo tibetano*. São Paulo: Ed. Pensamento, 1987.

Comunicação para transferência de tecnologia. Brasília: Embrapa, 2000.

CORRÊA, Pio e Penna, Leonam de Azeredo. *Dicionário de plantas de Pio Corrêa e das exóticas cultivadas*. Brasília: Imprensa Nacional/IBAMA, 1984.

CORTEZ, Jeronymo. *Fysiognomia e vários segredos da natureza*. Lisboa: Ed. Vega, s/d.; edição portuguesa de 1786.

CRUZ, G. L. *Dicionário das plantas úteis do Brasil*. Rio de Janeiro: Ed. Civilização Brasileira, 1979.

DE ORTA, Garcia. *Colóquios dos simples e drogas e coisas medicinais da Índia*. Lisboa: Ed. Imprensa Nacional, 1891, edição comentada pelo conde de Ficalho.

DIVAKARNI, Chitra. *A senhora das especiarias*. Rio de Janeiro: Ed. Objetiva, 1997.

Encyclopédie des Plantes Medicinales. Enciclopédia Larousse. Paris: Ed. Larousse, 1997.

FAKHRI, Natália da Silva; Fakhri, Abdelali. *Walima: A arte culinária marroquina*. Rio de Janeiro: Ed. Record, 2002.

FELIPE, Gil. *O saber do sabor*. Rio de Janeiro: Ed. Salamandra, 1998.

FRAZER, Sir James George. *O ramo de ouro*. São Paulo: Ed. Círculo do Livro, 1978.

GOMENSORO, Maria Lucia. *Pequeno dicionário de gastronomia*. Rio de Janeiro: Ed. Objetiva, 1999.

GONÇALVES, Sueli; Koketsu, Midori; Rocha, Angélica; Godoy, Ronoel; Carvalho, Lúcia. *Teores de princípios pungentes de algumas pimentas do gênero capsicum cultivadas no Brasil*. Rio de Janeiro: Embrapa-CTAA, 1997, boletim de pesquisa n. 19.

GRAF, Alfred Byrd. *Exótica. Cyclopedia pictorial of exotic plants*, Nova Jersey. Ed. Roehrs Co., E. Rutherford, 1985, série 4 internacional.

———. *Tropica*. Nova Jersey: Roehrs Co., E. Rutherford, 1978.

HÉRITEAU, Jacqueline. *Herbs*. Nova York: Ed. Grosse & Dunlap, 1975.

HIRSH, Sonia. *Manual do herói*. Rio de Janeiro: Ed. do Autor, 1990.

IRMÃO, Cirilo. *Plantas medicinais*. Paraná: Associação de Estudos, Orientação e Assistência Rural, 1987.

L. ORTIZ, Elizabeth. *Enciclopédia de las especias: Condimentos y plantas aromáticas*. Madri: Ed. Raices, 1993.

MARÍAS, Julián. *Historia de la filosofía*. Madri: Ed. Alianza Universidad Textos, 1941.

ODY, Penélope. Las *plantas medicinales*. Madri: Ed. Javier Vergara S.A., 1994.

Oriental Kitchen. Tóquio: Ed. Shufunotomogo Co. Ltd., 1971.

PELT, Jean-Marie. *Les Épices*. Paris: Ed. Fayard, 2002.

PEREIRA, I. S. J. *Dicionário grego-português e português-grego*. Rio de Janeiro: Ed. Zelio Valverde S.A., 1951.

Plantas e flores. São Paulo: Abril Cultural, 1972, 6 v.

REID, Daniel P. *Chineses Herbal Medicine*. Hong Kong: Ed. CFW Publications Ltda., 1987.

REIFSCHNEIDER, Francisco José (org.). *Capsicum: Pimentas e pimentões do Brasil*, Brasília: Embrapa, 2000.

REVEL, Jean-François. *Um banquete de palavras*. Rio de Janeiro: Ed. Cia. das Letras, 1996.

RIZZINI, C. T., Rizzini, C. M. *Dicionário botânico clássico latino-português*. Rio de Janeiro: MA/IBDF/Jardim Botânico do Rio de Janeiro, 1983.

RODRIGUES, J. Barbosa. *Hortus Fluminensis*. Rio de Janeiro: Ed. Jardim Botânico, 1894; Rio de Janeiro: Ed. Expressão e Cultura, 1989.

RODRIGUES, Manuel. *Deuses da mitologia*. Lisboa: Ed. Minerva, s/d.

SAVARIN, Brillat. *A fisiologia do gosto*. Rio de Janeiro: Ed. Companhia das Letras, 1995.

SIMONSEN, Roberto C. *História econômica do Brasil*. Coleção Brasiliana, série Grande Formato. São Paulo: Cia. Editora Nacional, 1937, v. X.

VERGÉ, Pierre Fatumbi. *Lendas africanas dos Orixás*. Salvador: Ed. Corrupio, 1985.

WERLE, Loukie e Cox, Hill. *Ingridients*. Austrália: Ed. JBTP, 1998.

🌿 Publicações

"Ruínas do micro-ondas", de Felipe Fernandez-Armesto, jornal *Folha de S. Paulo*, Caderno Mais, p. 5, 20/10/2002.

"O precioso rei da dieta mediterrânea", de Arnaldo Lorençato, jornal *Gazeta Mercantil*, editoria Fim de semana, p. 8, 23/8/2002.

"O poder verde", de Juliane Zaché, revista *IstoÉ*, n. 1653, 06/6/2001.

"Plantas medicinais podem desaparecer", s/autor, *Jornal do Commercio*, 08/12/2002.

"Índios querem direitos sobre flora brasileira", Martha Beck e Roberta Jansen, jornal *O Globo*, caderno Ciência e Vida, p. 45, 13/1/2002.

🌿 Sites

www.claudiacozinha.com.br
www.deandeluca.com
www.elbulli.com
www.harolds.com
www.jbrj.gov.br
www.marchesi.it
www.michelguerard.com
www.ol-pappertrade.com
www.pierretroigros.com
www.plantarum.com.br
www.plantaservas.hpg.ig.com.br
www.slowfood.com
www.tibetanmedicine.com

Índice onomástico

Açafrão, *26*
Aipo, *48*
Ajowán, *57*
Alcaçuz, *166*
Alcarávia, *53*
Alecrim, *22*
Alecrim-pimenta, *207*
Alfavaca, *78, 96, 110, 112, 169, 208*
Alfavaca-cravo, *208*
Alho, *30*
Aneto, *38*
Anis-estrelado, *44*
Aroeira, *128*
Arruda, *161, 177, 194, 199*
Asa-fétida, *68, 72, 78, 93, 98, 196*
Assa-peixe, *135*
Baunilha, *52*
Belinbling, *109, 113, 151, 153*
Borago, *36, 39, 199, 200*
Cálamo, *69*
Camélia *sinensis*, *152*
Canela, *58*
Canela-cravo, *132, 148*
Canela-da-china, *101, 104*
Canela-de-sassafrás, *135*
Capim-gengibre, *96*
Capim-limão, *64*

Cardamomo, *68*
Cártamo, *70*
Cebola, *74*
Cebolinha, *78*
Cerefólio, *82*
Coco, *92, 97, 98, 99, 97, 109, 111, 112, 161, 165, 168*
Coentro, *86*
Cominho, *90*
Cravo, *96*
Cravo-da-terra, *132, 147, 148*
Cravo-do-maranhão, *127*
Cúrcuma, *100*
Currypatá, *78*
Dendê, *26, 50, 51, 53, 58, 60, 134, 154, 155, 161, 164, 165, 168, 169, 171*
Echalota, *106*
Ênula, *177*
Erva-doce, *110*
Estragão, *114*
Fava *tonka*, *156*
Feno-grego, *118*
Freixo, *116*
Funcho, *124*
Galanga, *79, 109, 112*
Gengibre, *128*
Gergelim, *132*

Ginseng vermelho, *118*

Hissopo, *28*

Hortelã, *136*

Hortelã-pimenta, *96*

Jambu, *167*

Jasmim, *25, 71, 79, 108, 111, 151, 153*

Junco, *177, 199*

Levístico, *177*

Limão *kalamansi, 109*

Limão-siciliano, *47*

Lótus, *104*

Louro, *140*

Macis, *91, 92*

Manjericão, *144*

Manjerona, *148*

Margarida, *70*

Mirra, *25, 26, 27, 29, 55*

Mostarda, *152*

Nardo, *28, 177*

Nigela, *54, 68, 171*

Noz-moscada, *156*

Oliva, *59*

Orégano, *162*

Pamplemousse doux, 144

Papoula, sementes de, *166*

Pimentas *capsicum, 56, 113, 125, 126, 127,153, 154*

Pimenta betel, *94*

Pimenta cubeb, *94*

Pimenta-dos-índios, *127, 160, 161*

Pimenta *jalapeño, 127, 138*

Pimenta sichuan, *104*

Pimenta-da-guiné, *57*

Pimenta-da-jamaica, *72, 129, 153, 154, 206*

Pimenta-de-negro, *57*

Pimenta-do-benim, *57*

Pimenta-do-reino, *178*

Pimenta-longa, *94, 171*

Pimentão, *57, 106, 112, 127, 128, 129, 139*

Pimenta-rosa, *153*

Pimentas, *170*

Pimenta-santa mexicana, *127, 130*

Pimentas de java, *94*

Raiz-forte, *106, 116, 177*

Rosa, *54, 71*

Salsa, *184*

Salsaparrilha, *133, 134*

Sálvia, *190*

Sassafrás, *135, 138*

Segurelha, *196*

Serpão, *41*

Silphium, 177

Sumac, *68, 171*

Tamarindo, *78, 92, 95, 109, 110, 112*

Tomilho, *200*

Trufas, *45, 46, 47, 185, 188*

Urucum, *134, 154, 168*

Uva, *42*

Vinagreira africana, *58, 161*

Vinagreira/azedinha, *204*

Zahtar, 68, 171

Zimbro, *208*

Este livro foi impresso nas oficinas da
DISTRIBUIDORA RECORD DE SERVIÇOS DE IMPRENSA S.A.
Rua Argentina, 171 – São Cristóvão – Rio de Janeiro, RJ
para a
EDITORA JOSÉ OLYMPIO LTDA.
em janeiro de 2014

*

81º aniversário desta Casa de livros, fundada em 29.11.1931